KB089095

스스로 답을 찾는

수학 공부법

스스로 답을 찾는 수학 공부법

치열한 경쟁에서 살아남는 입시 로드맵

정진우 지음

한국경제신문i

프롤로그

치열한 경쟁에서 살아남는 수학 공부의 핵심

학생이라면 누구나 수학을 잘하고 싶은 마음이 있을 것이다. 그런 자녀를 둔 부모님들도 우리 아이가 수학을 잘했으면 좋겠다고 생각한다. 그래서 학원, 과외, 인터넷 강의 등 수학 성적을 올리기 위한 최대한의 지원을 아끼지 않는다. 하지만 많은 학생과 부모님들의 바람과는 달리 수학 성적은 그리 쉽게 오르지 않는다. 누구나 수학을 잘하고 싶어 하지만, 누구나 잘할 수 없는 것 같이 느껴진다.

"어떻게 하면 수학을 잘할 수 있나요?"

아이들에게 수학을 가르치면서 정말 많이 들었던 질문이다. 이 물음은 "어떻게 하면 수영을 잘할 수 있나요?", "어떻게 하면 피아노를 잘 연주할 수 있나요?"라는 질문과 유사하다.

수영을 잘하고 싶은 어떤 사람이 있다. 이 사람이 박태환 선수의 수영 경기를 수백 번 보기만 하면 수영을 잘할 수 있을까? 아니면, 무작정 물속으로 뛰어들어서 헤엄치면 제대로 수영을 할 수 있을까? 당연히 둘 다 아니다. 수영을 잘하려면 숙련된 전문가와 같은 고수에게 올바른 수영법을 배우는 것이 우선이다. 올바른 영법, 자세와 호흡법을 배우고 선생님의 시범을 보면 도움이 될 것이다. 그런 다음에 선생님의 가르침대로 따라 하면서 하나씩 연습을 해나가야 할 것이다. 직접 수영을 연습하면서 몸에 근육도 붙고 운동량도 늘어나게 된다. 점차 내 몸이 수영법을 온전하게 체득하고, 일정 기간 반복적인 연습을 통해 수영 고수가 될 수 있을 것이다.

수학을 잘하기 위해서는 수영을 배우는 것처럼 접근해야 한다. 수학 인터넷 강의만 열심히 보는 것은 수학 강사의 현란한 개인기를 구경하는 것과 같다. 강사의 유려한 설명 덕분에 듣기만 해도 이해가 된 것 같은 착각이 들지만, 실제로 이해한 것은 아니다. 박태환 선수의 수영 경기를 그저 시청한 것과 같은 셈이다.

마찬가지로 수학 교과서를 펴놓고 무조건 독학으로 해결하려는 것은 마치 수영법을 배우지 않고 물속에 바로 뛰어든 것과 같다. 수학을 잘하려면 수영법을 배우는 것처럼 수학을 잘하는(잘 가르치는) 고수에게 올바른 수학 공부법을 배우는 것이 우선이다. 수학 개념 공부는 어떻게 하고, 기본서는 어떻게 보며, 수학 문제는 어떻게 풀고, 해설지는 어떻게 참고하는지 등을 올바르게 배워야 한다. 이렇게 공부법을 올바르게 배우고 교정한 다음에 연습을 수행해야 효율적으로 성적을 올릴 수 있다.

포털 사이트, 유튜브, 학습 커뮤니티 등에는 수많은 공부법 콘텐츠가 존재한다. 특히 서울대 공부법, 의대 공부법과 같이 학생들이 선망하는 결과를 보여준 졸업생들의 콘텐츠가 인기다. 하지만 이런 공부법을 소개해주는 사람들은 초등학교, 중학교 때부터 공부를 '원래' 잘하는 학생이었을 확률이 높다. 상위 1%의 공부법이라는 이야기다.

대한민국 평균 수험생의 성적은 5등급이다. 수능과 내신 등급은 1등급에서 9등급까지 분포되어 있고, 중간은 5등급이다. 중간 이하의 성적을 받는 학생이 상위 1% 학생의 공부법을 따라 할 수 없는 건 어찌 보면 당연한 이치다.

실제로 아이들을 가르치다 보면 잘못된 공부법으로 공부하는 학생들이 상당히 많다. 안타까운 것은 이 학생들이 대단히 열심히 한다는 것이다. 열심히 공부하는데 성적은 오르지 않는 경우다.《수학의 정석》과 같은 기본서를 5회독 한다든지, 수능 기출 문제를 세 바퀴 돌렸다든지, 스타 강사의 인터넷 강의를 하나도 빼놓지 않고 모조리 다 듣는다든지…. 올바르지 않은 방법으로 공부하면 올바르지 않은 결과가 나오게 된다. 아무리 노력해도 성적이 오르지 않는 것은 분명 올바르지 않은 결과다.

1년 내내 수학 한 과목만 공부한다면 굳이 효율적이지 않아도 괜찮을 수 있다. 하지만 우리는 한정된 시간에 수학 이외에도 많은 교과목을 공부해야 한다. 따라서 효율적으로 공부하고 최소한의 노력 투자로 최대한의 성과를 내는 공부법의 습득이 필요하다.

지난 10년간 학생들에게 수학을 가르치면서 수많은 아이들을 1등급으로 만들었다. 애초부터 1등급은 불가능하다고 생각했던 학생들도 '공부법 교정', '동기부여', '입시 로드맵 작성' 등을 통해 기적과 같은 결과를 만들어냈다. 일반 학생들이 열심히 공부하는데도 성적이 제자리인 이유는 머리가 나쁘거나 성실하지 않아서가 아니었다. 이들의 근본적인 공부 방법에 문제가 있었다. 그래서 아무리 공부해도 성적은 오르지 않고, 공부에 흥미를 붙일 수 없었다. 이런 아이들에게 올바른 공부법을 체화시키면 공부에 시간을 투자한 만큼 성과를 얻을 수 있고, 결국 공부에 흥미를 느낄 수 있게 된다. 근본적인 공부법을 교정하면 폭발적인 성적 향상을 경험할 수 있다. 무조건적인 노력보다 효과적인 방법이 중요한 이유다.

이 책에서는 어떻게 하면 수학을 잘할 수 있는지에 대한 명쾌한 해답을 제시하고자 한다. 이제 여러분은 이 책의 내용을 토대로 수학 공부법을 제대로 확립했으면 한다. 올바른 공부법과 학생의 의지만 있다면 누구나 수학 1등급은 가능하다. 공식만 달달 암기하는 수학, 문제집을 n회독 반복하는 수학, 스타 강사의 인터넷 강의만 맹신하는 수학은 이제 버려도 좋다. 수학 1등급은 노벨상에 도전하는 것처럼 엄청난 일이 아니다. 지능이 뛰어나야만 가능한 것은 더더욱 아니다.

전국의 많은 학생들이 수학이라는 과목을 어렵게 느끼고 두려워한다. 사실 올바른 공부법으로 수학을 공부하지 않아서 그렇지, 알고 보면 그리 어렵게 느낄 이유가 없다. 오히려 많은 학생들이 수학을 어렵게 느낀다는 것은 엄청난 기회다. 비정한 말이지만, 입시는 상대평가다. 다른 학생들이 어려워하는 것을 잘해야 성적을 뒤집을 수 있다. 그래야만 역전할 수 있다는 뜻이다. 학업의 기적은 대개 수학으로부터 시작된다. 이 책을 통해 수학 공부법을 올바르게 교정하길 바란다. 남들이 두려워하는 수학을 정복해서 성적 대역전의 발판을 만들기를 기원한다.

- 수학강사 정진우

차 례

3장 시험 성적보다 공부 과정에 집중하라

4장 저절로 되는 수학 공부의 비밀

5장 노력은 결코 배신하지 않는다

수학 때문에 꿈을 포기할 것인가?

수학 때문에 꿈을 포기할 것인가?

일상에 널려 있는 수학

'수포자'라는 단어를 들어본 적이 있는가? 중·고등학교 학생이라면 누구나 이 단어의 의미를 알 것이다. '수학을 포기한 자'의 줄임말이다. '국포자'나 '영포자'라는 말은 잘 쓰지 않는다. 그런데 '수포자'는 아주 빈번하게 사용된다. 이는 국어, 영어, 사회, 과학과 같은 과목에 비해 유독 수학을 포기하는 학생이 많다는 뜻이다. 그렇다면 학생들은 왜 수학을 어려워하고 포기하게 되는 걸까?

학생들을 가르치다 보면 가장 많이 받는 질문은 의외로 수학 문제와 관련된 질문이 아니다. 바로 이런 종류의 질문이다.

"선생님, 수학은 써먹을 곳이 없는 것 같은데요?"

"사칙연산만 알아도 사는 데 아무 지장이 없다는데요?"

대학 입시만을 위해 수학을 공부한다고 생각하는 학생에게 수학은 그저 대학을 가기 위한 수단에 불과하다. 하지만 수학은 다양한 실생활에 활용되고 있고, 수학이 활용된 예는 주위에 널려 있다. 이러한 예를 알고 수학을 공부하는 학생은 모르고 공부하는 학생보다 훨씬 더 수학에 몰입하는 힘을 가지게 된다.

사실 우리는 일상에서 늘 수학을 사용하고 있다. 근의 공식이나 삼각함수를 매일 현실에서 마주한다는 뜻이 아니다. 적어도 '내가 지금 이걸 사면 내 수중에 남는 돈이 얼마겠구나', '이런 추세면 며칠 후엔 바닥이 나겠구나!'라는 생각은 누구나 한다.

은행에 적금을 넣는다고 가정해보자. 한 달에 얼마씩 적립하고, 연이율은 몇 %이기 때문에 몇 년 후에는 얼마가 될 것이라는 계산을 해볼 수 있다. 혹시 가게를 운영하는 분이라면 자신의 가게에 오는 손님이 오늘은 몇 명이고, 이번 달은 몇 명인지 계산할 것이다. 지난달과 이번 달의 손님 수와 매출을 확인해볼 수 있다.

회사원이라면 본인의 세전 연봉에서 얼마를 공제해서 내가 받는 실수령액은 얼마가 될 것이라는 예측도 가능하다. 현금이나 카드를 사용했을 때의 소득공제나 세액공제율도 확인할 수 있다.

또한, 연말정산 시 얼마를 돌려받을 수 있을지, 어떻게 현금과 카드를 적절히 분배 사용했을 때 최대로 돌려받을 수 있는지도 계산할 수 있다. 다음 달에 회사를 그만둔다면, 내 퇴직금이 얼마일지도 당연히 예측할 수 있다. 퇴직금을 예측해야 퇴직 이후 계획을 잘 세울 수 있지 않겠는가.

당신이 아파트 청약에 당첨되었다고 생각해보자. 은행에서 집값의 몇 %를 대출해주고, 중도금은 몇 년 후에 얼마를 상환해야 하는지 등을 고려해서 시기에 맞게 돈을 마련해야 할 것이다.

자동차가 달리는 도로는 아스팔트, 콘크리트, 모래 등으로 구성되어 있다. 도로는 여러 층으로 겹겹이 쌓여 있다. 안전하고 경제성 있는 도로를 만들기 위해 층별로 적정 두께를 산정한다. '얼마의 차량 하중에는 콘크리트 몇 mm 이상은 되어야 한다'와 같은 공학적인 계산을 수행한다. 이런 방식으로 토목 엔지니어는 우리가 지나다니는 도로를 설계한다. 이렇게 수학은 우리 일상생활을 영위하는 데 곳곳에 활용되고 있다.

덧셈과 곱셈과 같은 사칙연산, 일차 방정식과 함수, 함수의 증가와 감소, 백분율, 미적분과 같은 수학 개념이 위의 예시에 모두 담겨 있다. 이래도 수학이 일상에서 필요하지 않다고 말할 수 있을까?

수학은 단순히 대학입시를 위한 수단이 아니다. 인간이 사회에서 삶을 영위하는 데 꼭 필요한 개념이다. 대입을 준비하는 고등학생들은 반드시 명심해야 할 사실이다. 또한, 대학은 노동자를 키우기 위해 존재하는 곳이 아니다. 대학은 공학자, 개발자, 창의적 인재를 양성하기 위해 존재하는 기관이다. 그래서 수학, 과학과 같은 교과목을 잘 이수했는지를 판단해 학생을 선발한다. 그리고 이러한 학문적 지식을 토대로 각 학과의 전공 지식을 더해 인재를 양성한다.

수학을 공부하는 아이들에게 수학을 왜 공부해야 하는지에 대한 물음을 제일 먼저 해결해주어야 한다. 수학은 이러이러한 분야에 활용되고, 수학을 배워서 어디에 써먹을 수 있다고 알려주는 것이 중요하다. 그래야만 수학 공부를 무겁지 않고 가벼운 마음으로 시작할 수 있다.

고등학생의 희망 직업 순위

2019년 초·중·고 학생들을 대상으로 한 '진로교육 현황조사'에 따르면 중학생과 고등학생 희망 직업 1위는 '교사'로, 각각 10.9%와 7.4%를 기록했다. 초등학생 희망 직업 1위는 '운동선수'로, 전체 11.6%를 차지했다. 초등학생의 경우 '운동선수'에 이어 '교사'가 2위에 올랐다. 다음으로는 크리에이터(5.7%), 의사(5.6%), 조리사·요리사(4.1%), 프로게이머(4.0%), 경찰관(3.7%), 법률전문가(3.5%), 가수(3.2%), 뷰티 디자이너(2.9%) 순으로 조사됐다.

중학생은 1위 교사에 이어 의사(4.9%), 경찰관(4.9%), 운동선수(4.3%), 뷰티 디자이너(3.2%), 조리사·요리사(2.9%), 군인(2.6%), 공무원(2.5%), 컴퓨터 공학자·소프트웨어 개발자(2.5%), 간호사(2.2%) 순이었다.

주목하고 싶은 부분은 고등학생의 희망 직업 순위다. 대학 입시를 눈앞에 둔 고등학생의 희망 직업은 전공 학과 선택과 동시에 본인의 미래를 결정하는 데 아주 큰 역할을 하기 때문이다. 고등학생의 희망 직업 순위는 다음과 같다.

1위. 교사(7.4%)
2위. 경찰관(3.8%)
3위. 간호사(3.7%)
4위. 컴퓨터 공학자, 소프트웨어 개발자(3.6%)
5위. 군인(2.9%)
6위. 생명·자연 과학자 및 연구원(2.6%)
7위. 건축가, 건축 디자이너(2.3%)
8위. 항공기 승무원(2.1%)
9위. 공무원(2.0%)
10위. 경영자, CEO(1.9%)
11위. 의사(1.9%)
12위. 뷰티 디자이너(1.8%)
13위. 기계·자동차 공학자 및 연구원(1.7%)
14위. 의료·보건 관련직(1.7%)
15위. 화학 공학자 및 연구원(1.6%)

1위부터 15위까지 희망 직업 순위 대부분이 공부를 잘해야 직업 선택 시 유리하다. 희망 직업은 자기 자신이 좋아해서, 잘할 수 있을 것 같아서 선택하는 경우가 많다. 즉, 희망 직업이란 '꿈'과 직결된다. 따라서 어느 입시에도 대부분 반영되는 수학 성적은 학생 자신의 꿈을 실현시켜줄 수 있는 강력한 도구다.

우리가 기억해야 할 것은, 더 이상 수학 때문에 꿈을 포기해서는 안 된다는 것이다. 가슴 속에 하고 싶고, 되고 싶은 것이 있는데 성적이 뒷받침되지 않아 시작도 못 하고 포기한다면, 이보다 더 안타까운 일이 어디 있겠는가! 4장에서는 누구나 수학 1등급을 달성할 수 있는 아주 보편적인 공부법을 소개해놓았다. 지금 당장 결심하자. 수학 때문에 꿈을 포기하지 않겠다고.

2

왜 수학은 이토록 어려울까?

문제를 많이 풀어도 성적이 제자리인 이유

교육부와 한국교육과정평가원이 발표한 '2019 국가수준 학업성취도 평가' 결과에 따르면 중·고등학생 열 명 중 한 명은 수학 과목에서 기초학력 미달인 것으로 나타났다. 학업성취도 평가는 대부분 이해한 수준은 '우수학력', 상당 부분 이해한 수준은 '보통학력', 부분적으로 이해한 수준은 '기초학력', 이에 도달하지 못한 수준은 '기초학력 미달'로 구분한다. 기초학력 미달은 통상 교육 과정을 20% 미만으로 이해하고 있다고 본다. 다시 말하면 중·고등학생 열 명 중 한 명은 수학 과목의 이해 수준이 20% 미만이라는 것이다. 영어 과목의 기초학력 미달 비율이 중학교 3.3%, 고등학교 4.0%인 것에 비하면 수학 과목의 중학교 11.8%, 고등학교 9.0%라는 미달 비율은 대단히 높은 수치다.

교과별로는 학업성취 수준이 높을수록 학생들은 해당 교과에 대한 자신감이나 가치, 흥미, 학습의욕이 높게 나타났다. 교과 중 특히 수학은 중·고등학교 모두 다른 교과에 비해 자신감과 흥미, 학습의욕 등이 낮고 기초학력 미달률에 큰 영향을 미쳤다.

고등학생 중 국어와 영어가 기초학력에 미달할 경우, 자신감은 각각 20.2%, 13.1%이지만 수학은 7.5% 수준이다. 학습의욕도 국어는 36.3%, 영어는 21.0%이지만, 수학은 14.1%로 가장 낮다.

이 평가 결과를 종합하면 국어나 영어 등 다른 과목에 비해 '수학의 기초학력 미달 비율이 높다', '수학은 자신감과 흥미, 학습의욕이 낮다', '수학 성적이 낮으면 학습의욕이 뚝 떨어진다'로 요약할 수 있다. 이처럼 중학교, 고등학교를 막론하고 수학이라는 과목은 학생들에게 어렵게 느껴지고 자신감이 떨어진다고 할 수 있다.

스타크래프트 프로게이머 연습생 생활을 했던 영찬이를 가르친 적이 있다. 영찬이는 당시 21세로, 고등학교 시절부터 프로게이머가 되기 위해 말 그대로 '밥 먹고 게임만 했던' 아이였다. 나를 처음 만났을 때는 3월이었고, 문과로 11월에 있을 수능 시험을 준비 중이었다. 영찬이네 집은 구의동 재래시장 골목을 한참 지나 시장 한가운데에서 사잇길로 빠지면 보이는 다세대 주택 3층이었다. 여름에는 에어컨이 없어 모든 창문을 활짝 열어놨다. 한 대 있는 선풍기는 학생과 나의 열기를 번갈아가며 식혀주었다. 영찬이의 부모님은 그 시장에서 이름 모를 신발과 슬리퍼를 판매하셨다.

부잣집이 아닌 학생의 과외를 할 때면 나는 마음 한구석이 찌릿하게 미어졌다. 먹고살기도 빠듯할 텐데, 없는 살림에 수학 과외라니…. 자식이 잘되기만을 바라는 부모님의 마음이 절절히 느껴졌다. 나 역시 가난한 집에서 태어나 과외 한 번 받지 못하고 독학을 했었기 때문에, 그만큼 조금 더 가르쳐주고 신경을 쓰겠다고 혼자 다짐하곤 했다.

일반 학원비와 비교하면 과외비는 비싼 편이다. 선생 한 명이 여러 명을 대상으로 가르치는 학원에 비해 과외는 선생 한 명에 학생이 보통 한두 명이기 때문에 단가가 높을 수밖에 없다. 학생이 소수인 만큼 개별 맞춤형 지도가 가능하다. 이런 이유로 많은 학생들이 과외를 선택한다.

당시 영찬이는 대학에 진학하기 위해 프로게이머 생활을 그만두었다고 했다. 영찬이의 학습 상황은 나를 만나기 전 6개월 동안 지난 5년간의 수능 및 한국교육과정평가원(이하 평가원) 기출 문제를 풀었다고 했다. 굉장한 노력파였다. 머리도 삭발하면서 스스로 결심을 다졌다. 다른 과목은 1, 2등급 수준까지 올랐는데, 유독 수학이 점수가 나오지 않는다고 했다. 4, 5등급을 오가는 수준이었다.

문제집을 살펴보니 기출 문제 중 2점짜리와 쉬운 3점짜리 문제는 곧잘 정답을 맞혔지만, 어려운 3점짜리와 4점짜리 문제는 대부분 틀렸다. 점수로 치면 100점 만점에 50점 정도 수준이었다. 개념 공부는 소홀히 한 채, 문제 풀이만 죽어라 하는 대표적인 학생 유형이었다. 이런 학생은 앞으로 1년간 수능 문제만 열심히 풀어도 성적은 거의 제자리일 것이 뻔하다. 왜냐하면, 수학 개념에 많은 '구멍'이 있기 때문이다.

과학이나 사회와 같은 과목은 몇 달 바짝 열심히 하면 성적이 눈에 보이게 뒤따라온다. 하지만 수학은 몇 달 집중해서 열심히 한다고 바로 성적 향상으로 이어지지 않는다. 이유는 중학교 수학부터 고등학교 수학에 이르기까지 기본 개념이 연결되기 때문이다. 선행 개념에 구멍이 나 있으면 이어지는 새로운 개념을 받아들일 수 없다. 건물을 짓는 데 지반이 단단하지 않으면 침하가 발생하고 건물이 무너지는 것과 같다.

지금 당장 3월인데, 11월 수능까지 시간이 많지 않았다. 그래서 4개월간 중학교 1학년 수준부터 고등학교 1학년 수준까지 기본서를 가르쳤다. 여기에서 기본서란《수학의 정석》,《개념원리》,《수학의 바이블》과 같이 개념설명이 충실히 되어 있고 바로 옆에 기본 문제와 해설이 함께 있는 스타일의 문제집을 말한다.

영찬이는 중학교 수준의 개념에 구멍이 많이 있었다. 사실 보통의 고등학생들 대부분이 중학교 수학을 100% 완전학습하지 못한다. 공식 암기는 최대한 배제하고 원리에 근거해서 설명해줬다. 수업 후 복습은 당연했다. 수업마다 간단한 테스트를 통해 제대로 이해했는지를 체크했다. 기본서로 개념을 잡고 내신 문제집으로 개념 활용법을 익히게 했다. 4개월 후, 개념 학습은 가까스로 마무리됐다. 남은 4개월 동안에는 내신 문제집에서 틀린 문제 복습과 평가원 기출 문제를 집중적으로 풀었다. 그 결과, 영찬이는 수능에서 수학 1등급을 받았고, 고려대에 진학했다.

수포자에서 탈출하려면

영찬이의 사례와 같이 단기간에 수능 수학 1등급을 달성하기는 쉽지 않다. 이런 고난도 목표일수록 기본기가 중요하다. 수학에서는 개념 학습이라 부르는 기본기 말이다. 수능 기출 문제와 같은 실전 문제를 다량으로 풀어내는 게 능사가 아니다. 그 전에 밑바탕이 되는 기본 실력부터 갖추는 것이 우선이다.

수학의 개념 학습은 개념의 이해와 기본 문제 풀이로 다져나갈 수 있다. 수학 문제의 바탕이 되는 개념을 완벽히 이해하고, 이러한 개념을 문제로는 어떻게 활용할 수 있는지를 꼼꼼히 살펴보아야 한다. 그리고 문제 풀이 과정을 내 것으로 만들기 위해 세세하게 분석해야 한다.

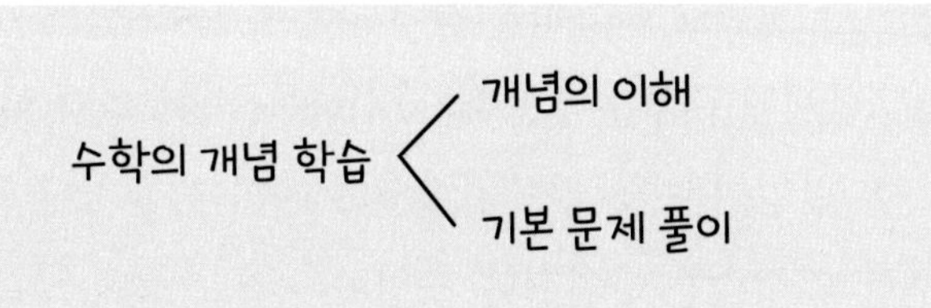

개념 학습으로 기본기를 다진 다음에는 시험 학습으로 실전 대비를 해야 한다. 시험 학습은 실전 문제 풀이와 모의시험 연습을 말한다. 수능 기출 문제나 평가원 기출 문제는 정말 주옥과도 같은 문제들이다. 수능을 출제하는 기관에서 직접 출제한 문제들이기 때문이다. 당연히 사설 모의고사와는 비교할 수가 없다. 사설 모의고사는 평가원의 모의고사 문제를 보고 흉내 내는 수준이기 때문이다.

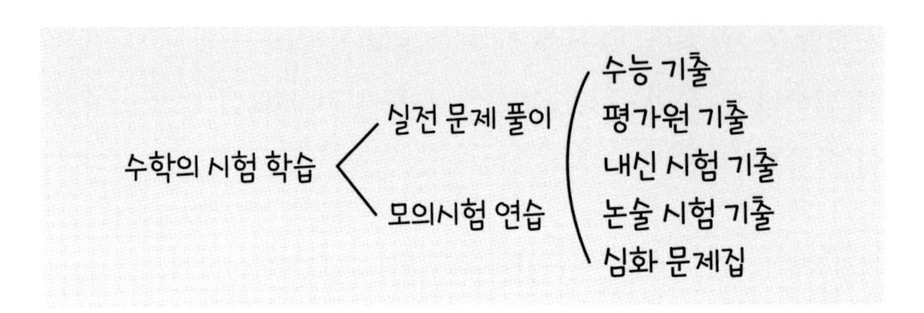

다시 한번 강조하지만, 모의고사 문제를 많이 푸는 것이 능사가 아니다. 간혹 학부모님 중에는 "우리 아이가 이제 고3인데 모의고사를 하루에 한 회씩 쭉쭉 풀어나가야 하는 거 아닌가요?"라고 물어보시는 경우가 있다. 나는 그럴 때마다 단호하게 "아닙니다"라고 말씀드린다. 기본기를 다지는 개념 학습을 끝낸 후에 시험 학습으로 돌입해야 한다. 쉽게 얘기하면 문제만 많이 풀 생각하지 말고, 기본서부터 제대로 공부하라는 것이다.

'왜 수학은 이토록 어려울까?' 이 질문에 대한 해답은 '제대로 된 수학 공부법을 배우지 못한 채 무작정 공부해서 그렇다'라고 하겠다. 헬스를 배울 때도 제대로 된 자세를 배운 후에 정확한 동작으로 기구를 사용한다. 그래야 다치지 않고 효율적으로 운동할 수가 있다. 수영을 배울 때도 정확한 영법을 배운 후에 연습하지 않는가.

수학을 공부하기에 앞서 제대로 된 수학 공부법을 배우고 학습을 시작하는 것이 타당하다. 대한민국의 많은 학생들이 수학을 어려워하고 두려워한다면, 거꾸로 이것은 대단한 기회다. 입시는 상대평가다. 남들이 어려워하는 것을 남들보다 잘하면 큰 역전을 할 수 있다. 더 이상 수학을 두려워하지 말자. '수포자'에서 탈출하자. 올바른 공부법으로 수학을 바라보면 이제는 수학이 어렵지 않다.

3

수학을 왜 공부해야 하고, 어떻게 공부해야 하는가?

지난 2000년간 연구한 지식

"선생님, 수학은 도대체 누가, 왜 만든 거예요?"

가끔 이런 질문을 듣는다. 학생이 이런 질문을 하는 이유는 진짜 수학을 누가 만들었는지 궁금해서가 아니다. 아마도 추측해보면 '선생님, 나 지금 열심히 하고 있는데 조금 힘들어요, 격려해주세요', '내가 지금 수학 공부를 하고 있는데 생각만큼 쉽지 않아서 짜증나네요' 정도로 해석해볼 수 있다.

네이버에 수학을 누가, 왜 만들었는지 검색해보면 재치 있는 질문과 답변들이 보인다.

Q. 중학교 2학년인데요. 수학 누가 만들었어요? 삼각형이 합동인 건 또 누가 찾았대요? 이해가 안 가서 화가 나요. 원망할 사람을 몰라서 삭히는 중이네요.

A1. 귀여웡♥♥♥

A2. 원망해도 소용없음.

중학교 2학년 학생이 삼각형의 합동 부분 공부를 하다가 이해가 안 가서 화가 났다는 내용이다. 답변들을 보면 칭얼대는 중학교 2학년 학생을 그보다 높은 학년(또는 고등학교 졸업자)이 달래주는 식이다.

또 다른 질문으로는 이런 것도 있다.

Q. 수학 공부는 누가, 어떻게, 왜 만들었나요?

A. 그리스의 피타고라스라는 사람이 학생들을 괴롭히기 위해서 만들었습니다.

재치 있는 답변이다. 수학을 공부하기 힘들어하는 학생들의 마음이 깊게 공감된다. 보통은 이런 질문을 받으면 곧이곧대로 수학의 기원을 이야기하지는 않는다. 주로 위로를 건네고 파이팅을 외친다. 하지만 오늘은 가볍게 설명을 해보고자 한다(워낙 물어보는 사람이 많은 건 사실이다).

문명이 생기기 이전, 인간은 유목 생활을 했다. 그러면서 가축을 키우기 시작했고, 재산을 소유하게 되었다. 자신들의 소유 재산을 정확히 하기 위해서 가축의 수에 대응되는 숫자의 개념이 필요하게 되었다. 그래서 손가락으로 수를 세기 시작했다. 우리가 10진법을 널리 사용하는 이유는 손가락이 10개이기 때문일 것이다.

자신의 재산이 변동하면서 자연스럽게 더하기와 빼기의 개념이 발달하게 되었다. 문명이 생기면서 이것을 기호로 표현해 나타내기 시작했다. 이것이 덧셈과 뺄셈의 시작이었을 것이다.

수학의 발전은 기원전 고대 그리스와 17, 18세기 두 번에 걸쳐 급격히 발달했다. 우선 고대 그리스 사람들은 생각하고 말장난하는 것을 좋아해서 수학을 상당히 발전시켰다. 이 시기에는 증명의 기초가 되는 명제가 탄생했고, 유클리드는 기하학을 체계적인 형식으로 집대성했다. 우리가 아주 잘 알고 있는 피타고라스(Pythagoras) 역시 고대 그리스의 수학자이자 철학자다.

콜럼버스(Columbus)가 신대륙을 발견하고 상업이 발달하기 시작한다. 이 시기에 사람들은 수를 본격적으로 계산하기 시작했다. 이때부터 계산하기 편리한 아라비아 숫자를 사용하기 시작했다. 장사하다가 생긴 손해를 수로 표현할 수가 없어서 음수를 생각해냈고, 본전을 표현하기 위해 0을 발견했다. 0을 발견하고 아라비아 숫자로 계산하기 시작하면서 수학은 급격히 발달한다. 이것을 기록하기 시작하면서 사칙연산으로 불리는 '+', '-', '×', '÷' 등의 기호가 널리 활용되기 시작했다.

17세기에 데카르트(Descartes)는 해석 기하학(직교 좌표계)을 발견했고, 가우스(Gauss), 오일러(Euler)와 같은 유명한 수학자들이 이때 활동했다. 또한, 삼각함수, 지수, 로그 등이 발견되면서 한 시대에 엄청난 업적을 이루게 된다. 그 유명한 미적분도 뉴턴(Newton)과 라이프니츠(Leibniz)가 이때 발명했다. 이때 라이프니츠는 미적분에 대한 개념을 정립하면서 오늘날 수학책에 등장하는 'dy/dx'와 '∫'과 같은 기호도 고안했다.

우리는 15세기까지의 수학을 중학교 3학년까지 배우고, 고등학교에 올라가서는 그 이후의 수학을 배운다고 생각하면 되겠다. 수학을 누가, 왜 만든 거냐는 질문에 충분한 답이 되었는지 모르겠다. 하지만 분명한 사실은 기원전 그리스 시대부터 지난 2000년 동안 수학자들이 연구한 지식을 우리는 초·중·고 12년 동안 아주 손쉽게(?) 얻을 수 있다는 것이다. 손쉽다는 표현이 수험생들의 반발심을 불러일으킬 수도 있겠다. 하지만 무려 2000년의 기간 동안 수많은 수학자들이 머리를 싸매고 연구했던 결과를 손쉽게 잘 정리된 책과 강의를 통해 배울 수 있다는 것은 굉장한 일임이 틀림없다.

4차 산업혁명 시대의 수학

'4차 산업혁명', '인공지능(AI, Artificial Intelligence)'과 관련된 이야기들이 신문, 방송, 포털 사이트에 넘쳐난다. 미국 포레스터

연구소는 2025년에는 자동화와 로봇으로 인해 미국에서만 16%, 즉 2,270만 개의 일자리가 사라질 것이라는 보고서를 내놓은 바 있다. 또한《AI Super Powers》라는 책을 쓴 인공지능 전문가 카이푸 리(Kai-Fu Lee) 박사는 "앞으로 15년 이내에 현재 직업의 40%가 인공지능으로 대체될 것"이라고 예측했다.

인공지능은 점차 인간의 일자리를 대체해나가고 있다. 우리는 앞으로 인공지능에 일자리를 빼앗기는 사람이 되어서는 안 된다. 인공지능을 직접 다루고 부리는 사람이 되어야 한다. 인공지능을 직접 다루기 위해서는 사고력과 문제 해결력이 필수다. 그리고 이때 가장 핵심적인 과목이 바로 수학이다. 특히 미적분이나 통계는 인공지능과 빅데이터 알고리즘에 직접 활용되는 수학 분야다.

인공지능 학습에 쓰이는 데이터는 수학의 벡터로 표현된다. 벡터는 여러 개의 숫자를 하나로 묶어서 사용하는 것으로, 인공지능의 계산 결과도 벡터로 출력한다. 여기서 수학의 행렬은 벡터의 공간 변환과 학습 계산을 가능하게 해주는 역할을 한다. 인공지능을 가능하게 만드는 수학적 도구가 바로 행렬이다.

이래도 우리가 수학 없이 살아갈 수 있다고 생각하는가? 수학은 우리의 삶과 매우 밀접하게 연관되어 있다. 만유인력의 법칙을 발견하고 미적분학을 창시한 영국의 아이작 뉴턴(Isaac Newton)은 "자연이란 책은 수학의 언어로 쓰였다"라고 말했다. 그렇다. 우리를 둘러싸고 있는 이 세상은 수학의 언어로 쓰인 것이다.

그래서 우리는 수학을 공부하고, 활용해야 한다.

지난 10년간 수학을 가르치면서 만났던 성적이 낮은 학생들의 문제점은 단순히 머리가 나빠서가 아니었다. 성실하지 않아서도 아니었다. 이 친구들은 '공부법' 자체에 문제가 있었다. 공부를 어떻게 하겠다는 계획이 불분명했다. 언제, 어떤 수학 교재를, 어떠한 방식으로 풀어야 하는지를 모르는 경우가 대다수였다. 반면 최상위권 학생들은 명확한 계획을 세우고, 계획이 변경되더라도 확실한 기준을 가지고 공부했다. 공부한 만큼 성적으로 돌려받아 큰 성취감을 얻었다. 근본적인 공부법을 체화하면 폭발적인 성적 향상을 경험하게 된다.

이 책에서 말하고자 하는 '공부법'은 공부 기술, 스킬(Skill)과는 다르다. 학생의 성향과도 무관하다. 근본적인 공부법은 입시의 본질과 연결되기 때문이다. 학교 시험이나 수능 문제가 학생 성향을 고려해서 출제되지 않는 것과 같은 맥락이다. 대한민국 입시에서 수학 고득점을 받기 위한 절대적인 공부 방식은 분명히 존재한다. 절대적인 공부법으로 1등급을 넘어 만점에 도전하자.

수학 공부에 정답이 있을까?

나의 첫 수학 과외

내가 처음 수학 과외를 시작했을 때는 대학교 2학년이었다. 당시 우리 집은 가난했고, 집에서 용돈을 받아서 생활할 형편이 되지 않았다. 그래서 나는 고소득 아르바이트를 찾아다니기 시작했다. 대학교 1학년 때는 피자헛 서빙, 골프장 캐디, 백화점 의류 판매, 텔레마케팅과 같은 아르바이트를 닥치는 대로 했다. 이런저런 아르바이트를 해봤지만, 시간당 수입이 제일 좋은 아르바이트는 역시 과외 지도였다. 생계형 수학 과외의 시작이었다.

첫 과외를 시작한 후, 10년가량을 수학 과외로 아이들을 가르쳤다. 하지만 아이러니하게도 나는 과외를 받아본 적이 없다. 초등학교 때 빚보증으로 가지고 있던 집이 날아갔고, 그때부터 집안 살림이 급격히 기울었다. 할아버지와 함께 사는 4인 가족이 먹고 살기만도 빠듯했다. 어머니는 빚을 내서라도 과외를 시켜주고 싶어 하셨다. 하지만 집안 형편이 어렵다 보니 과외를 시켜달라는 말을 입 밖에 꺼낼 수 없었다.

반에서 공부를 곧잘 했던 나는 과외 안 해도 공부 잘하고 있으니 걱정하지 말라며 부모님을 안심시켜드리곤 했다. 부모님은 가난한 집에서 태어나 공부 잘하는 하나뿐인 아들을 매우 예뻐하시고 자랑스러워하셨다.

고등학교 시절, 수학이나 영어 과외를 받는 친구들이 부러웠다. 부모님께 말로는 과외 필요 없다고 큰소리치긴 했지만, 내심 마음 한구석에는 '나도 과외받으면 더 공부를 잘할 텐데'라는 생각이 자리하고 있었다. 친한 친구인 김목은 내 라이벌이었다. 쇠 김(金)과 나무 목(木)이 한자 이름인 이 친구와 나는 성적이 비슷하긴 했지만, 중학교 때부터 고등학교 1학년까지 한 번도 내가 성적으로 져본 적은 없었다. 김목네는 아버지가 건설회사를 운영하셨다. 우리 집보다 훨씬 부유했다. 이 부유한 아이는 나에게 맛있는 것도 잘 사주고, 베풀 줄도 아는 멋진 친구였다.

김목은 수학, 영어 과외를 받았었다. 과외 선생님한테 수업받는 얘기를 들으면 너무나도 부러웠다. 내가 이 친구보다 공부는 더 잘했지만, 그래도 부러운 건 부러운 거였다. 고2를 지나면서 처음으로 김목이 나보다 좋은 성적을 받게 된다(과외 때문은 아니겠지…). 그래서 어린 마음에 나도 영어 과외를 받는다고 거짓말을 했다. 대신 서점에서 영어 듣기 테이프 여덟 개가 한 묶음인 교재를 사서 주말의 일정한 시간에 영어 듣기 공부를 했다. 그렇게 내 상상 속 과외는 한동안 계속됐다.

과외를 한 번도 받아보지 못한 내가 대학교 2학년 때 처음으로 과외를 하게 되었다. 수학 단과반 수업을 수강한 적은 있었지만, 과외 경험이 없다 보니 어떻게 해야 좋을지 몰랐다. 그래서 과외를 많이 받아본 김목에게 전화를 걸었다. 적정 과외비는 얼마인지, 일주일에 몇 번, 몇 시간 수업하면 좋을지 등을 물어봤다. 역시 경험이 많은 친구는 명쾌한 답을 내줬다. 수업 준비를 잘 해가라는 말도 빼놓지 않았다.

첫 과외 학생은 여학생이었다. 수업 준비는 인터넷 강의를 참고했다. 혼자서 개념을 훑어보고 문제 풀이를 통해 정답을 찾아내는 건 비교적 쉬웠다. 나는 고등 공교육 3년, 노량진 사교육 1년을 통해 수학 1등급을 견고히 한 사람이었다. 그런데 혼자 공부하는 것과 가르치는 것은 말 그대로 천지 차이였다. 분명히 준비했는데 지수-로그 개념 설명을 하다가 말문이 턱 하니 막혀버렸다. 등에서는 식은땀이 흘러내렸다. 머리가 한 번 백지가 되니 더는 아무 생각이 떠오르지 않았다. 한동안 그렇게 침묵을 주고받다가 몇 문제 풀어주고 나서 수업을 끝마쳤다. 그렇게 나의 첫 과외는 한 번의 수업으로 끝나버렸다.

지금은 과외를 스마트폰 어플을 이용해서 과외 선생과 학생이 만나는 경우가 많다. 하지만 내가 대학생이었던 2000년대 중반에는 '과외 중개소'가 별도로 있었다. 이 중개소는 대학가 게시판에 '선생님 모집' 광고를 내고, 학교 거리나 아파트 등지에는 '학생 모집' 전단을 뿌린다. 그래서 선생님과 학생 사이를 연결해주고 첫 달 과외비의 60~70%가량을 수수료로 받아갔다.

두 번째 과외가 곧바로 잡혔다. 얼마 전 가입한 과외 중개소에서 연락이 온 것이다. 잠실에 사는 고2 남학생인 '제안'이였다. 지난번 실패를 되풀이하지 않기 위해 피나는 연습을 했다. 백지만 주어져도 개념과 공식을 막힘없이 설명할 수 있는 수준으로 만들었다. 그리고 문제 풀이는 정답을 외울 정도로 철저히 준비했다. 역시 탄탄한 준비는 좋은 수업, 좋은 결실로 이어졌다. 6개월간 수업 후에는 제안이가 4등급에서 1등급으로 올라서는 성과도 이뤄냈다. 누군가를 가르치고 성적 향상이라는 성과로 이어지니 그로 인한 성취감은 이루 말할 수 없을 정도로 대단했다. 나의 생계형 과외는 입소문을 타고 퍼져나가기 시작했다.

제안이가 수학 공부에 투자하는 시간은 부족한 편이 아니었다. 하지만 성적이 4등급에 머물렀던 가장 큰 이유는《수학의 정석》과 같은 기본서만 풀었다는 점이다. 어라?《수학의 정석》은 기본 중의 기본 아닌가요? 기본은 맞다. 그런데 기본서만 풀면 시험에서 성과를 낼 수가 없다. 앞에서 '개념 학습'에 대해서 이야기한 바 있다. 개념 학습은 기본서 + 교과서 + 내신 유형 문제집 한 권을 세트로 공부해야 한다. 너무 어려운 수능 실전 문제집을 처음부터 풀 필요는 없다. 내신 대비 문제집 한 권이면 충분하다.

수학은 과학이나 사회와 같은 과목에 비해 개념의 이해가 어렵다. 공부할 개념의 양 자체는 많지 않지만, 응용이 굉장히 많이 된다. 변형된 문제와 신유형 문제가 수학에서는 유독 많다. 교과서의 개념 설명 내용만 봐서는 근본 원리까지 이해하기가 쉽지 않다. 그래서 수학 개념의 완벽한 이해를 돕기 위해 《수학의 정석》과 같은 기본서를 함께 봐야 한다. 또한, 교과서의 부족한 문제 수를 보충해주기 위해 내신 유형 문제집을 한 권 정도 같이 풀면 개념 학습을 제대로 완성할 수 있다.

개념 학습 = 기본서 + 교과서 + 내신 유형 문제집

제안이의 경우에는 개념 학습에 해당하는 세 가지를 병행하지 않았다. 오직 기본서만 봤기 때문에 수학적 개념은 탄탄해졌지만, 그걸 성적으로 끌어내지는 못했다. 그래서 기본서, 교과서, 내신 유형 문제집을 세트로 하는 개념 학습에 대부분의 시간을 집중했다. 그리고 제안이가 시간 투자를 많이 하지 않았던 문제 풀이에 예전보다 많은 시간을 할애했다.

문제집 풀이는 문제집을 더럽히지 않고 별도의 연습장에 풀게 했다. 별도의 연습장에 문제를 풀면 해당 문제를 어떻게 접근했는지, 어느 부분에서 막혀서 정답으로 가지 못했는지 등을 한눈에 파악할 수 있다. 문제집에는 오직 맞고, 틀린 표시만 있게 했다.

뒤에서 설명하겠지만, 틀린 문제는 자신의 약점을 모아놓은 보물창고와 다름없다. 문제를 맞히면 아는 것을 확인한 것일 뿐, 그 이상 그 이하의 어떤 의미도 없다. 하지만 틀린 문제는 비슷한 유형으로 다시 출제되면 또 틀리기 십상이다. 그래서 틀린 문제를 다시 한번 풀 때, 새로운 문제를 보는 것 같은 느낌을 주기 위해서 문제집에 풀이 과정을 남기지 않는다.

시험 보기 일주일 전부터는 학교 시험 기출 문제를 풀고, 3일 전에는 모의시험을 연습했다. 그 결과 제안이는 4등급에서 1등급으로 성적이 수직 상승하게 되었다. 한번 제대로 잡은 공부법은 그 효과를 지속적으로 발휘한다. 제안이는 쉽게 1등급 아래로 내려오지 않았다.

수학 공부의 큰 축은 '개념'과 '문제'다. 수학에서 좋은 성적을 거두기 위해서는 개념을 암기하는 것이 아니라 이해해야 한다. 개념을 제대로 이해하면 그 밑에 깔려 있는 근본 원리를 이해한 것이기 때문에 어떤 변형된 문제가 나와도 해결할 수 있다.

기본적으로 입시 수학의 본질은 문제의 정답을 맞히는 데 있다. 문제의 정답을 맞히기 위해서는 출제자의 의도를 파악하고, 이 문제를 풀기 위한 '수학적 도구를 활용하는 법'을 익혀야 한다. 예를 들면, 이 문제를 풀기 위해서는 '연립 방정식을 세워야 하겠네', '이차 함수의 최대·최소를 활용해야겠네', '이건 삼각함수를 활용해야겠네'와 같은 수학적 도구 찾기 게임을 잘해야 한다. 수학적 도구란, 교과서에서 설명하는 각종 수학 개념이다. 그래서 개념 공부를 착실히 한다는 것은 수학 문제를 풀기 위한 여러 도구를 장착하는 것과 같다. 입시 수학은 개념이라는 도구를 활용해서 문제를 해결하는 과목이다. 교과 과정에서 제시하는 다양한 수학적 도구를 장착하고 체화하면, 겉으로는 어려워 보이는 수학 문제도 쉽게 풀어낼 수 있다.

5

가장 중요한 것은 '내적 동기부여'다

동기부여가 중요한 이유

대학교 4학년 어느 여름, 처음으로 대치동에서 과외 연락이 왔다. 학부 시절에는 주로 자취방 근처인 서울 성동구와 강동구 일대에서 과외를 했었다. 그런데 '내 입소문이 드디어 교육 1번지라고 하는 대치동까지 미치게 된 것인가'라고 생각하니 자꾸만 웃음이 났다. 집에서는 약간 멀지만, 중학교 2학년을 가르치는 데 고등학교 3학년 수준의 과외비를 준다고 했다. 수업료가 비교적 높다는 사실에 기쁜 마음으로 수업을 시작했다.

몇 년간 과외를 하면서 내가 개념 설명을 할 때 졸았던 학생은 한 명도 없었다. 내 나름대로 강의 노하우도 많이 생겼고, 자신감도 한창 붙었을 때였다. 학생과 어머님을 만났다. 어머님께서는 우리 아이가 착한데 공부를 열심히 안 한다는 설명을 덧붙이셨다. '착한 거랑 공부 안 하는 거랑 무슨 상관이지?' 하는 생각이 들었지만, 별다른 말을 덧붙이진 않았다. 다만 '공부를 열심히 안 한다'는 말은 흘려들었다.

본격적인 수업을 시작했다. 학습 상황을 체크했고, 내가 내주는 숙제를 해오는 방법과 예습 및 복습법을 설명해줬다. 그런데 학생의 눈꺼풀이 점점 내려가더니 격하게 고개를 끄덕였다. 머리가 위아래로 크게 요동치더니 깜짝 놀란 표정을 지었다. 내가 설명하는 중에 깜빡 졸았던 것이다. 내가 말을 하는 도중에 졸은 학생을 본 건 처음이었다. 충격이었다. 나는 당시 과외 요청도 많이 들어오고 내가 맡은 학생들의 성적도 나날이 향상시키는 소문난 과외 선생이었다. 그런 나를 앞에 두고 감히 졸아!? 속에선 화가 치밀었지만, 꾹 참았다. 대신 좋은 말로 타이르고 수업을 이어나갔다.

대치동 학생과의 수학 과외는 몇 달간 계속됐다. 수업 시간에 학생의 흐리멍덩한 눈을 보며 수업하는 일은 고역이었다. 나는 대학 가서 미팅했던 얘기, 좋은 성적을 받았을 때의 성취감, 공부를 잘하면 유리한 것들을 얘기해주었다. 하지만 '착한데 공부를 열심히 안 하는' 중2 학생은 쉽게 변화되지 않았다. 몇 달 후, 나의 첫 대치동 수업은 큰 성과 없이 끝이 났다. 어머님은 연신 죄송하다고 말씀하셨다. 그리고 "우리 아이를 무려 석 달이나 맡아주셔서 감사합니다. 다른 선생님들은 한두 달 안에 그만두셨거든요"라고 하셨다.

아쉬웠다. 학생의 없는 열정도 만들어내는 수학 선생이 되고 싶었다. 결과적으로 대치동 학생의 동기부여에는 실패한 셈이 됐지만, 앞으로 내가 아이들에게 수학을 가르치는 데는 큰 도움이 되었다. 우선 '동기부여'가 공부를 하는 데 있어 가장 중요하다는 사실을 뼛속 깊이 깨달았다. 아무리 효율적인 공부법을 얘기해준들 열정이 없는 학생에게는 먹히지 않는다.

그래서 지금은 수학을 가르치기 이전에 수학을 왜 배워야 하는지, 수학을 잘하면 어떤 이로운 점이 있는지를 먼저 이야기한다. 그리고 입시라는 힘들고 어려운 과정을 이겨내면 얻을 수 있는 '미래의 기회 보장'을 설명해준다. 그러면 수학 진도만 나가는 수학 강사의 수업보다 훨씬 더 집중하고, 수학 공부에 임하는 자세가 달라진다. 동기부여는 그만큼 중요하다.

외적 동기부여 vs 내적 동기부여

"어머님, 성적 향상에서 가장 중요한 것은 동기부여입니다."

학원 상담실장님들이 항상 하는 말이다. 그만큼 공부를 잘하려면 '동기부여'가 필수적이다. 누군가는 외적인 요인으로 동기부여를 받고, 누군가는 내적인 요인으로 동기부여를 받는다. 동기부여를 만드는 방법으로 가장 일반적인 것은 외적 동기부여다. 나 역시도 경험했고, 많은 분들도 경험했을 것이다. 예를 들면 '이번 시험에서 평균 90점을 넘기면 엄마가 최신 스마트폰을 사준다고 했어요'는 대표적인 외적 동기부여다. '최신 스마트폰'이라는 외적인 상황이 주어졌고, 해결책으로 공부가 선택되었다. 최신 스마트폰을 얻기 위해 공부를 하는 것이다. 이런 경우, 목적을 달성하면 공부를 열심히 할 동기를 잃어버리게 된다. 더 큰 외부적인 자극이나 요인이 없으면 동기를 유지하기 어렵게 된다.

'누나가 공부를 못한다고 놀려서 공부하기 시작했어요'는 스스로 하고자 하는 욕구로 인해 시작된 것이 아니라 주변의 시선, 주변의 놀림으로 인해서 공부를 시작하게 된 경우다. '아빠가 공부를 안 하면 때려서 맞지 않으려고 공부했어요.', 이 역시 외부적인 요인에 의한 동기부여다.

공부하기 싫을 때, 내가 공부하도록 만드는 힘이 무엇인가? 그것이 스스로 내 안에서 생긴 것인가, 아니면 다른 사람에 의해 형성된 것인가? 이것이 중요하다. 외적 동기부여는 스스로 만드는 게 아니다. 그렇기에 자기 자신이 아닌 누군가가 만들어줘야 한다는 한계성을 가지고 있다. 동기부여를 만들어줄 누군가가 필요한 것이다.

외적인 동기부여만 경험했다면 외부 자극을 통한 동기부여를 찾거나 부족한 환경을 통한 동기부여를 찾기 쉽다. 많은 사람들이 외적 동기부여를 경험했기 때문에 자연스럽게 내면이 아닌 외적인 부분에서 동기부여를 찾는 경우가 많다. 하지만 이러한 외적 동기부여의 단점은 스스로 동기부여를 하기 어렵다는 것이다. 또한, 나에게 자극을 줄 사람이나 자극을 줄 상황을 계속해서 찾게 된다. 지난번에 스마트폰을 보상으로 받았다면 이번에는 컴퓨터 정도는 받아야 그나마 동기 유지가 가능하다는 말이다.

반면에 내적 동기부여는 자기 스스로 동기부여를 만들어내는 것을 말한다. '동물을 살리고 싶어서 수의사가 되었어요'라고 생각하는 사람이 의사가 되었다고 했을 때, 이 사람이 수의사가 될 수 있었던 힘은 동물을 살리고 싶다는 자신의 생각 덕분이다. 이러한 것을 내적 동기부여라고 할 수 있다. 내적인 상황은 동물을 살리고 싶다는 마음이고, 이를 위한 해결책은 의사가 되는 것으로 귀결된다.

'돈을 많이 버는 부자가 되고 싶어요'라고 한다면 여기에서 내적인 상황은 '부자가 되고 싶다'는 것이고 이를 위해서는 고소득의 직장 또는 사업이 해결책이 된다. 그리고 고소득의 직장을 갖거나 사업을 하려면 '공부를 잘하는 것이 유리할 것이다'라는 마음으로 이어진다. 부자가 되기 위해 필요한 것이 공부라는 사실을 스스로 깨닫게 되는 것이다. 그래서 놀고 싶을 때, 공부가 힘들 때마다 '아니야, 나는 지금 참고 공부해서 더 부자가 되겠어!'라는 결심으로 유혹을 차단하게 된다. 이런 것이 바로 내적 동기부여다. 본인의 강한 의지를 바탕으로 1순위가 공부가 되도록 만들어준다.

이 동기부여는 자신을 자극할 누군가를 찾을 필요가 없다. 그렇기 때문에 매번 새로운 일을 추진하는 데 스스로 동기부여가 가능한 사람이 된다. 그로 인해 즉각 실천이 가능한 사람이 되도록 만들어준다. 즉, 내적 동기부여는 빠른 실천력으로 이어지고 행동력 있는 사람으로 만들어준다.

많은 성공한 사람들이 이렇게 이야기한다. "아는 것을 실천하세요", "지금 즉시 행동하세요" 이런 성공한 사람들은 내적 동기부여가 일상이 되었기 때문에 '당연히 이렇게 해야 하는데 왜 안 하는 것인가?'라고 반문하는 것이다.

내적 동기부여와 외적 동기부여를 나누어 이야기했지만, 사실 결과만 놓고 보면 동일해 보인다. 바로, 내가 목표로 하는 것을 달성하게 해준다는 점이다. 하지만 분명한 차이점은 있다. 외적 동기부여는 마음에 상처가 남게 된다. 외부에 의한 자극이기 때문에 상처를 기반으로 해서 힘을 내게 된다. 이런 마음의 상처는 오랜 시간 동안 기억하게 되는 면이 있다.

만약 아빠의 체벌이 외적 동기부여였다면 이 사람은 아마 예전의 불행했던 시절을 떠올리게 될 것이다. 하지만 내적 동기부여가 있었다면 이 사람에게는 자신감이 남게 된다. 어떤 일을 추진할 때 스스로 잘할 수 있다는 것을 알게 되고, 결국에는 성과를 얻게 된다. 시련을 겪더라도 내적 동기부여를 활용해서 빠른 실천이 가능하고, 이를 극복할 수 있기 때문이다.

또 다른 차이점은 '일회성'과 '반복성'이다. 사실 외적 동기부여는 스스로 만들어낸 것이 아니다. 그렇기 때문에 다른 목표가 생겼을 때 스스로 동기부여를 못하는 경우가 상당히 많다. 반면 내적 동기부여는 스스로 만들어내기 때문에 그 이후에 동기부여를 지속하는 것이 상당히 수월하다.

"꿈을 가지세요. 그리고 그 꿈을 현실이 되도록 만드세요."

내적 동기부여를 경험한 사람들은 공통적으로 꿈을 찾으라고 말한다. 꿈을 찾으라는 것은 미래에 내가 가질 직업을 뚜렷하게 하라는 것이다. '내가' 가질 직업이기 때문에 내가 좋아하는 일, 관심 있는 것을 재료로 삼아서 찾아야 한다. 내가 가질 직업을 뚜렷하게 하면 지금 내가 무엇을 위해 공부해야 하는지가 분명해진다. '이런 직업을 가지려면 이런 학과에 가야 하고, 그 학과에 가려면 최상위권 대학에 가는 것이 유리하겠네'라고 생각하고 동기부여를 할 수 있다. 즉, 꿈은 내적 동기부여를 통해 공부 의지를 더욱 단단하게 해준다.

6

수학, 지금보다 더 잘할 수 있다

내신, 수능, 논술 시험이란?

대학 입시를 준비하는 학생이 대비해야 할 시험은 과목과 상관없이 크게 내신, 수능, 논술 이렇게 세 가지로 분류할 수 있다. 내신은 학교에서 출제하는 시험이고, 수능은 한국교육과정평가원에서 출제하는 대학수학능력시험이다. 논술은 대학에서 직접 출제한다(면접, 구술고사와 같은 대학별 고사도 논술과 같은 맥락으로 이해하면 된다).

현행 입시 제도는 10년 전과 비교했을 때 훨씬 다양해졌다. 다른 관점으로 보면 예전에는 수능 시험 한방으로 전국의 모든 고등학생을 줄 세워서 성적대로 대학에 입학했었다. 하지만 지금은 수능 점수가 중요한 정시 모집은 모집 정원의 30~40% 수준이다. 그 외에 교과 우수자 전형, 학생부 종합 전형, 그 안에서도 봉사활동 우수 전형, 리더십 전형 등 대학에 입학할 수 있는 경로가 매우 다양해졌다. 그래서 이를 두고 '입시 전형이 복잡하다'라고 표현하기도 한다.

입시 전형이 다양하든 복잡하든 간에 대입을 준비하는 학생은 어느 한 가지 전형만 목표로 할 수는 없다. 기회가 그만큼 줄어들기 때문이다. 그렇다고 모든 전형을 다 준비하기에는 겉으로 봤을 때 '무리수'로 보인다. 이번에는 내신, 수능, 논술이라는 시험이 무엇인지 파악하고, 어떻게 효율적으로 대비할 수 있을지 알아보도록 하겠다.

내신은 기본적으로 암기와 유형의 시험이다. 내신 문제는 보통 문제의 길이가 짧다. 식을 던져주고 계산을 하도록 유도하는 문제가 대부분이다. 게다가 시험 범위도 1/2 학기 분량 정도다. 수능이나 논술과는 비교할 수 없을 만큼 문제 출제 범위가 한정적이다. 출제 범위가 한정적이라는 것은 출제할 수 있는 문제가 그만큼 많지 않다는 뜻이다. 외워서 답을 맞힐 수 있는 문제가 상당히 많다. 그래서 시험에서 암기가 통한다.

그리고 유형별로 문제 풀이 연습을 하면 역시 시험장에서 통한다. 시험장에서 문제를 보며 '아, 이 유형! 내가 이거 공부했지!' 하며 풀 수 있는 문제가 많이 출제된다. 암기와 유형 연습으로 60~70%의 문제를 해결할 수 있다. 최근에는 내신 문제도 수능형으로 많이 출제되고 있기에 암기와 유형 연습만으로 100점은 불가능하다. 하지만 60~70점은 먹고 들어갈 수 있다는 말이다.

내신 대비 문제집을 보면 간략한 개념 설명과 공식, 이후에 유형별로 주요 문제들을 쭉 나열해놓았다. 유형별 문제 풀이는 내신 문제 유형을 외우고 계산하는 방법을 손에 익히면 끝난다. '내신 대비' 문제집이라고 부르는 이유가 여기에 있다.

수능은 이해와 응용의 시험이다. '수능'이라는 줄임말로 통용되어 잊고 사는 경우가 많은데, 수능의 정식 명칭은 '대학수학능력시험'이다. 대학에서 수학(修學, math가 아니라 익히고 배운다는 의미)할 능력이 어느 정도 되는지를 측정하는 시험이다. 한국교육과정평가원에서 공개한 대학수학능력시험의 성격과 목적은 다음과 같다.

1. 대학 교육에 필요한 수학 능력 측정으로 선발의 공정성과 객관성 확보
2. 고등학교 교육 과정의 내용과 수준에 맞는 출제로 고등학교 학교 교육의 정상화 기여
3. 개별 교과의 특성을 바탕으로 신뢰도와 타당도를 갖춘 시험으로서, 공정성과 객관성 높은 대입 전형자료 제공

수능 시험의 첫 번째 대전제는 평가원에서 밝혔듯이 '대학 교육에 필요한 수학 능력 측정'이다. 이 능력의 측정으로 '선발의 공정성과 객관성을 확보'하는 것이 수능의 목적이다. 선발의 공정성과 객관성을 확보하려면 시험 응시자가 해당 교과목을 얼마

나 잘 이해했는지, 응용해서 문제를 해결할 수 있는지를 평가해야 한다. 쉽게 말하면, 수능은 암기가 통하지 않는 시험이어야 한다는 것이다.

1990년대 초창기의 수능은 이해와 응용을 바탕으로 한 문제들이 대부분이었다. 공식 암기나 유형 학습만으로 풀 수 없는 문제들이 많았다. 하지만 수능이 너무 어렵다는 평가와 함께 어려운 수능을 대비하기 위해 학생들이 사교육에 더 많은 투자를 한다는 경향이 나타났다. 어려운 수능을 대비하기 위해 학교 수업에 외에 고난도 문제 풀이법을 알려주는 학원에 의존한다는 것이다. 어려운 수능은 '고등학교 학교 교육의 정상화 기여'라는 수능의 두 번째 대전제에 맞지 않는다. 그래서 30~40%의 문제만 '수능형' 문제로 출제되고, 나머지 60~70%의 문제는 비교적 평이한 난이도의 문제로 구성하게 된다.

우리가 주목해야 할 부분은 이해와 응용을 바탕으로 문제를 풀어야 하는 30~40%의 '수능형' 문제다. 이 부분에서 최상위권, 상위권, 중·하위권이 갈리게 된다. 중학교에서 우수한 성적을 받았던 학생이 고등학교에 올라가서 성적이 곤두박질치는 사례를 종종 발견할 수 있다. 중학교까지는 '내신' 시험만 경험했기 때문에 암기가 통했다. 하지만 고등학교는 수능형 문제 출제비율이 점점 높아지는 추세이기 때문에 암기만으로 100점을 기대할 수 없다. 중학교 때 통했던 공부법이 고등학교에 올라가서 통하지 않는 이유가 여기에 있다.

간혹 "수능의 역사가 거의 30년가량 되었는데 수능도 유형을 공부하면 나오는 문제가 거기서 거기 아닌가요?"라고 묻는 분들도 있다. 60%가량의 문제는 맞지만, 나머지 30~40%의 문제는 그렇지 않다. 수능 시험의 출제 원칙은 '신유형 문제'를 출제하는 것이다. 선발된 수능 출제위원들은 출판된 모든 문제집을 검토해서 같은 유형의 문제를 되도록 출제하지 않는다. 따라서 수능 시험을 준비하는 학생은 개념 학습을 철저히 하고 신유형 문제의 응용력을 높여야 한다. 처음 보는 문제를 이리저리 궁리해서 최종적으로 정답을 내는 연습을 많이 해야 한다는 뜻이다. 그렇지 않으면 수능 시험에서 고득점을 기대하기 어렵다.

논술은 고난이도의 응용력 시험이다. 수능보다 더 심화된 문제가 출제된다. 수능 시험에서 가장 배점이 높은 문제는 4점이다. 논술은 수능으로 치면 배점이 30~40점 정도 된다고 보면 된다. 흔히 착각하는 것이 논술 시험은 주장을 펼치는 시험이라는 것이다. 유럽의 논술은 그런 시험이 맞다. 답이 없는 시험이다.

하지만 우리나라는 누가 보더라도 채점 기준과 과정이 명확해야 한다. 그리고 학생이 받은 점수에 따라 공정하고 정확한 등수 매기기가 필요하다. 그렇지 않으면 공정성 시비 논란이 일어날 것이 불 보듯 뻔하다. 그래서 대학은 정답이 존재하는 논술 문제를 출제한다. 글쓰기나 신문 읽기와 같은 논술 공부는 크게 도움이 되지 않는다. 우리나라 논술 문제는 심화된 국어, 수학, 과학, 사회 문제를 출제하기 때문이다. 논술은 전혀 다른 종류의 시험이 아니다. 논술은 '심화된 수능 서술형 시험'이라고 보면 정확하

7

자신만의 수학 공부 목적과 목표를 세워라

최소한의 기회 보장

나는 대학 졸업 후, 국내 굴지의 대기업 건설회사에 공채사원으로 입사했다. 오로지 대기업에 입사하는 것만 목표로 생각했다. 나의 꿈, 내가 좋아하는 일, 하고 싶은 일은 특별히 없었다. 그저 대기업에 들어가서 비교적 많은 급여를 받으며 안정적으로 사는 것이 최고라고 생각했다. 마침내 대기업 입사로 목표한 바를 이루었지만, 정작 가슴이 뛰지 않았다.

월급은 동네 친구들보다 월등히 많았다. 회사의 복지는 최상위 수준이었다. 부모님, 친척, 친구들 모두 대기업에 입사한 나를 대단하다고 했다. 자랑스러워했다. 하지만 마음이 시키는 일을 해야 내가 가진 능력 이상의 열정이 나오는 법이다. 나는 그제야 내 꿈이 무엇인지, 내가 원하는 삶은 어떤 길인지 깊이 생각하기 시작했다. 회사라는 아주 커다란 시스템 속에서 나는 하나의 작은 부품과 같은 역할을 했다. '주식회사'라는 기업의 원리가 그런 것이라는 사실을 깨닫는 데는 그리 오랜 시간이 걸리지 않았다.

대한민국 상위 20대 그룹의 채용 절차는 대체로 비슷하다. 기본적인 틀은 우선 서류전형을 시행한다. 자격 기준은 해당 회사, 해당 부서에 부합하는 전공을 한 사람이면서 남자인 경우에는 군필 정도다. 학점 기준도 있지만, 웬만한 대학 졸업자라면 충분히 갖출 수 있는 정도의 성적이다. 즉, 누구나 지원할 수 있다는 말이다. 누구나 지원할 수 있지만, 누구나 선발되는 것은 아니다. 그래서 취업 준비생들은 소위 스펙(Spec, Specification의 약자)이라고 불리는 각종 자격증, 공인 영어시험 점수, 공모전 입상 경력을 쌓기에 여념이 없다.

서류전형을 통과하면 인적성 검사를 보게 된다. 좋은 말로 포장해서 인적성 검사지, 실제 시험문제를 보면 IQ 테스트와 같은 느낌을 받는다. 언어 영역에서는 동의어, 반의어, 맞춤법, 명제와 같은 문제가 출제된다. 수리 영역에서는 중학교 때 배우는 이차 방정식의 활용('철수가 혼자 하면 3시간이 걸리고, 영희가 혼자 하면 2시간이 걸린다고 할 때 동시에 하면 몇 시간이 걸릴까요?'와 같은 문제)이나 공간 도형, 자료 해석과 같은 문제가 주어진다. 그리고 이런 문제들을 짧은 시간에 풀도록 요구한다. 결론적으로 머리 좋은 친구를 뽑겠다는 의도다.

OPIC, 전공 자격증, 한국사능력검정시험, 한자 2급, 한국어능력 시험…. 물론 요즘 취업 시장에서 살아남으려면 대학 간판 하나 가지고는 어려운 건 사실이다. 하지만 비중이 가장 큰 것 또한 부인할 수 없는 사실이다.

대학 간판은 최소한의 기회를 보장해준다. 내가 부여받을 수 있는 최소한의 기회를 보장받기 위해서라도 노력하자. 지금 당장 꿈을 찾지 못했다 하더라도 괜찮다. 대신 내 꿈을 이룰 수 있는 최고의 기회를 부여받기 위해 공부한다는 목표를 분명히 설정해보자. 그 첫걸음으로 수학을 정복하자. 혼자 헤쳐나가기 어렵다면 나에게 연락하기 바란다. 네이버 카페 〈역전수학연구소〉나 유튜브 〈정진우TV〉에 댓글을 달면 기쁜 마음으로 도와주도록 하겠다.

수학을 공부하는 이유

수학을 잘하면 살면서 유리한 점이 많다. 위에서 얘기한 양질의 일자리를 얻는 것 외에도 더 많은 스타트업 창업 기회가 생길 수 있다. 요즘은 취업이 아닌 창업을 장려하는 시대다. 그래서 국가 지원이나 대학의 자체 지원 예산이 날이 갈수록 늘어나고 있다. 상위권 대학일수록 이런 기회와 예산이 많은 것은 익히 알려졌다.

이 외에도 수학을 잘하면 미래에 유망하다고 알려진 직업을 선택하기가 수월하다. 4차 산업혁명 시대를 주도할 지금의 중·고등학생들은 인공지능, 빅데이터와 밀접하게 연결되어 생활할 것이다. 이런 인공지능과 빅데이터 알고리즘에 미적분과 통계가 직접적으로 활용된다. 또한, 인공지능과 관련되어 인공신경망이라는 구조가 많이 쓰이는데 이 신경망은 하나의 함수로 표현된다.

혹시 '인공지능이나 빅데이터에 관심이 없어요'라고 말하는 친구도 있을 수 있겠다. 좋다. 그러면 가게를 하나 운영한다고 가정해보자. 그러면 이번 달엔 손님이 몇 명 왔고 매출은 얼마를 기록했는지 정도는 장부에 기록해야 할 것이다. 이 매출 중에서 가게 임대료, 직원 월급, 각종 세금, 기타 부대비용을 제외하면 순이익이 얼마인지도 계산해봐야 한다. 그리고 지난달엔 얼마를 벌었는지, 다음달엔 얼마를 벌 수 있을지 등을 예측해볼 수 있다. 지난 1년간 어느 달에 가장 큰 수익을 올렸고, 언제 수익이 저조했는지 등을 파악해야 할 것이다. 그래서 앞으로의 매출 전략도 세워야 할 것이다. 사칙연산뿐만 아니라 함수의 최대 최소, 확률과 통계 등을 활용하면 더 구체적인 매출 추이와 대책을 수립할 수 있다.

자신만의 수학 공부 목적과 목표를 분명하게 세워보자. 수학 성적을 원동력 삼아 좋은 대학에 진학할 것인가? 그 덕분에 많은 스타트업 기회를 얻고 양질의 일자리를 가질 것인가? 미래에 유망하다고 알려진 빅데이터나 인공지능 분야에 몸담을 것인가? 가게를 운영하면서 매출 추이를 분석해 더 많은 수익을 올리는 사업가가 될 것인가?

내가 수학을 잘하면 생겨날 긍정적인 것들을 머릿속으로 생생하게 그려보자. 반드시 현실이 된다고 믿어보자. 구체적인 실천 방안을 수립해보자. 그리고 계획에 따라 하나씩 달성해나가보자. 결국엔 수학을 잘하게 될 당신의 미래를 격하게 응원한다.

수학을 가르치니 비로소 보이는 것들

우리 아이가 수학을 못하는 진짜 이유

어쩌다 수학을 싫어하게 됐을까?

얼마 전 프로필 사진을 찍기 위해 강남의 한 스튜디오를 찾았다. 프로필 사진은 연예인 지망생, 작가, 화가, 학원 강사와 같이 자신을 알리기 위해 찍는 경우가 많다. 사진작가님이 나에게 무슨 일을 하는지 물어봤다. "아이들에게 수학을 가르칩니다"라고 대답했다. 그러자 이런 반응이 나왔다.

"으아악, 저 학교 다닐 때 수학 진짜 싫어했는데!"

며칠 전에 미용실을 갔을 때도 똑같은 반응이었다. 내가 수학 강사이고, 수학 공부법도 가르친다고 이야기하면 보통 열 명 중에 아홉 명은 이렇게 소리를 친다. 그 마음을 잘 안다. '수학 = 어렵다'라는 공식이 마음속 깊숙이 자리 잡은 것이다. 학창 시절에 얼마나 수학이 어렵고 재미없으면 싫어한다고 표현할까.

학생들이 수학을 싫어하게 되고, 수학을 포기하는 데는 여러 가지 분명한 이유가 있다. 우선 정답을 내는 방법만 중요시하는 수업이 한몫한다. 수학은 원리를 알려주고 개념을 파악하는 과정이 다른 어떤 과목보다 중요하다. 빠른 시간 안에 답을 찾는 스킬보다는 왜 그렇게 식을 세워야 하는지에 대한 원리가 더 중요하다는 말이다.

예를 들어, 아래 문제를 풀어보자. 중학교 1학년 과정에서 배우는 일차 방정식이다. 보통 문제집의 해설지에는 간략한 풀이법만 제시해놓는다.

$2x-4=8$

-4를 우변으로 넘기면 부호가 바뀌어서,

$2x=8+4$

$2x=12$

x의 계수 2로 12를 나누면,

$x=12/2$

$x=6$

이 문제의 풀이에서 강조하는 부분은 등호 '=' 반대로 넘길 때는 '부호가 바뀐다'라는 것과 'x의 계수로 나누어주는 것'이다. 간단하게 중학교 1학년 과정의 일차 방정식을 예로 들었지만, 대부분의 수학 수업에서 강조하는 것이 이런 방식의 스킬이다. 넘기면 부호가 바뀌고, 계수로 나누어주고…. 이런 스킬 위주로 공부하게 되면 수학을 공식 외우는 과목으로 잘못 생각할 수 있다. 수학은 절대로 암기 과목도 아니고, 공식을 외운다고 해결되는 과목이 아니다.

위의 예시 문제를 근본 개념을 토대로 다시 이해해보자. 먼저 등호 '='를 정확하게 이해할 필요가 있다. 왼쪽의 연산 결과가 등호 '=' 표시 이후 오른쪽에 표시되는 구조가 아니다. 등호의 왼쪽을 '좌변'이라 부르고, 오른쪽을 '우변'이라 부른다.

(좌변) = (우변)

등호는 '=' 표시 왼쪽과 오른쪽이 같음을 나타낸다. 마치 양팔 저울이 한쪽으로 기울어지지 않고 항상 수평을 맞추는 것과 같다. 우리의 목표는 좌변에 x만 남겨서 'x=(얼마)' 이런 모양을 만드는 것이다. 등호의 양쪽에 똑같은 값을 더하든, 빼든, 곱하든, 나누든 상관없다. 양팔 저울의 양쪽에 공평하게 무게추를 더하거나 빼더라도 어느 한쪽으로 기울어지지 않는 것과 같은 이치다.

이 원리를 기초로 아까 봤던 일차 방정식 문제를 다시 보자.

$2x-4=8$

등호의 양쪽, 좌변과 우변에 똑같이 4를 더해보자. 양쪽에 똑같이 더했으므로 양팔 저울은 기울지 않는다.

$2x-4+4=8+4$

$2x=12$

양변을 똑같이 2로 나누어보자. 양쪽을 똑같이 나눴으므로 양팔 저울은 기울지 않는다.

$2x/2=12/2$

$x=6$

'에이 이걸 누가 몰라요?'라고 생각할 수 있다. 많은 독자의 이해를 위해서 아주 간단한 예시를 들었을 뿐이다. 실상 고등학교 과정의 수학도 이 정도의 이해력만 있으면 이해하지 못할 개념이 없다. 진짜 문제는 '풀이법', '스킬'에만 집중하는 수학 공부 방법이다. 수학 개념의 근본 원리를 깨우치면 등호의 반대로 넘어갈 때 플러스, 마이너스 부호가 바뀌는지, 분모, 분자가 바뀌는지 절대 헷갈리지 않는다. 하지만 원리의 이해 없이 '덧셈, 뺄셈은 넘기면 부호 반대', '곱셈, 나눗셈은 넘기면 분자, 분모 반대', 이런 식으로 외우고 나면 시간이 지난 후에는 '넘기면 부호 반대였나? 분자, 분모 반대였나?' 하고 반드시 헷갈리고 까먹게 되어 있다. 수학 개념의 근본 원리를 이해하면 수학이 쉬워진다.

수학 머리가 없다는 착각

"우리 아이가 다른 과목은 괜찮은데, 수학 머리가 좀 떨어져요."

"저는 머리가 나빠서 그런지 공부를 해도 성적이 안 올라요."

학부모님이나 학생과 상담하다 보면 이런 이야기를 종종 듣는다. 한마디로, 머리가 나빠서 수학을 못한다는 생각이다. 결론부터 얘기하면 아주 명백한 착각이다. 내가 10년간 수학을 가르치면서 분명하게 알게 된 것이 있다. 머리의 좋고 나쁨보다 학생의 공부 의지와 공부 방법이 훨씬 더 중요하다는 것이다. 물론 학습 능력에서 '머리'를 무시할 수는 없다. 머리의 좋고 나쁨에 따라 학습 내용을 흡수하는 속도에 차이가 있을 수는 있다. 하지만 제대로 된 공부 방법으로 꾸준히 공부한다면, 누구든지 실력이 향상되게 되어 있다.

수학을 잘하는 친구들도 어려운 문제를 풀기 위해 어떻게 풀어야 할지를 고민한다. 머리가 좋다고 해서, 수학을 잘한다고 해서 어떤 문제든 한 방에 해결하지는 못한다는 것이다. 문제의 정답으로 가는 방법을 찾는 과정이 꼭 필요하다.

공부를 아예 안 한 학생은 자기 성적을 기대하지 않는다. 양심적이다. 그리고 공부를 하기만 하면 성적이 잘 나올 거라는 생각도 함께한다. 반면, 머리 탓을 하는 경우는 그래도 공부 시간을 꽤 투자한 학생이다. 이런 학생들의 문제점은 보통 공부 방법에 있다. 수학 성적을 잘 받기 위한 공부 방법을 실천해야 하는데 그렇지 못한 것이다.

수학 공식을 이해하려 하지 않고 자꾸 암기하려고 하는 경우가 많다. 이런 방법이 지속되면 암기한 공식을 금세 까먹는 일이 자주 발생하고, 본인의 머리 탓으로 이어진다. 제대로 된 공부법을

이 불필요하게 된 것이다.

수학 공부를 하는 데 이런 현상의 문제점은 조금만 문제가 길어져도 이해하려고 하지 않는다는 것이다. 이해는커녕 지문 길이가 길면 아예 읽지도 않고 포기하는 경우도 많다. 학생들의 이해도가 예전보다 떨어져서가 아니다. 시간을 가지고 문제를 차분히 읽으면서 이해하려고 애쓰는 모습이 줄어든 것이다. 그래서 학생들이 문제를 아예 손도 못 대겠다고 하면 독해가 제대로 되지 않은 경우가 많다. 문제의 독해가 되지 않으면 해결은커녕 문제 자체를 이해할 수도 없다.

실제로 학생들은 문제의 독해를 제대로 하지 못해 해결책을 찾지 못하는 경우가 상당히 많다. 다음의 예시를 살펴보자.

문제) 물을 저장하는 수조가 있다. 그런데 이 수조에 구멍이 나서 1시간에 전체의 1/5씩 물이 빠져나가고 있다. 얼마 후에 보니, 수조에 물은 1/10이 남았다. 수조에 구멍이 난 지 몇 시간이 지났을까?

이 문제는 '수조에 구멍이 난 지 몇 시간이 지났을까?'를 묻고 있다. 먼저 문제 해결에 필요한 조건을 추출해야 한다.

조건 1) 1시간에 전체의 1/5씩 물이 빠져나가고 있다.

조건 2) 수조에 물은 1/10이 남았다.

'조건 1'에서는 물이 '빠져나간 양'으로 시간을 알려주고 있다. 그런데 '조건 2'에서는 물의 '남은 양'을 제시하고 있다. 그래서 이 '남은 양'을 '빠져나간 양'의 표현으로 바꿔줘야 한다. 바꿔보면 다음과 같다.

조건 1) 1시간에 전체의 1/5씩 물이 빠져나가고 있다.
조건 2) 수조에 물은 9/10가 빠져나갔다.

이제 두 조건이 물의 빠져나간 양의 표현으로 바뀌었다. 직접적인 수의 비교를 위해 1/5과 1/10을 통분해보자.

조건 1) 1시간에 전체의 2/10씩 물이 빠져나가고 있다.
조건 2) 수조에 물은 9/10가 빠져나갔다.

1시간에 2/10씩 물이 빠져나간다. 분모의 10은 공통이니 2에서 9가 되려면 4.5를 곱해주면 된다. 따라서 물의 9/10가 빠져나가는 데 걸린 시간은 4.5시간, 즉 4시간 30분이 된다.

이 문제의 해결을 위해서는 문제에서 물어보는 것이 무엇인지를 파악하고, 필요한 조건을 뽑아낸 후에 조건의 표현을 통일해야 한다. 우리말로 표현된 문장의 독해력이 떨어지면 이런 문제를 해결하는 데 어려움을 겪게 된다. '도대체 무슨 말인지 모르겠네?' 하고 막혀버리기 쉽다.

독해력을 높이기 위한 방법 = 독서

학년이 올라갈수록 수학의 개념은 점차 어려워진다. 특히 대학 입시를 앞둔 고등학생들은 수학을 더욱 어렵다고 생각한다. 사실 어렵다는 것은 무슨 뜻인지 모른다는 것과 같다. 수학의 개념은 교과서에 우리말로 '설명'되어 있다. 그래서 중학교 때부터는 수학에서 배우는 개념을 정확한 독해를 통해 내 것으로 만들어야 한다. 독해력이 우수할수록 훨씬 쉽게 개념을 파악할 수 있다. 독해 능력은 학문을 수행하는 핵심 도구다. 이 능력이 높다는 것은 사용 환경에 비해 컴퓨터의 사양이 높은 것과 같다. 정보처리가 빠르고 정확하다는 의미다.

그렇다면 독해력을 높이기 위한 방법으로는 어떤 것이 있을까? 눈치챘겠지만, 정답은 단연 '독서'다. 모든 공부의 기본인 독해력은 독서에서 시작된다. 독서를 통해 기본적인 읽기 능력과 이해 능력을 향상시킬 수 있다. 많은 사람들이 논리력을 키우기 위해 사고력 수학 문제나 퍼즐 문제를 떠올리기 쉬운데, 실상은 그렇지 않다. 독서를 한다는 것은 머릿속에 정보 체계의 집을 짓는 것과 같다. 이를 다른 말로 '개념화'라고 하는데, 수학에서는 이 개념화 능력이 매우 중요하다.

공부할 과목이 많고 얼마 있으면 시험을 본다는 이유로 독서할 시간이 없는가? 책 읽을 시간은 없지만, 유튜브를 볼 시간은 있는가? 밤늦게 친구들과 카카오톡으로 대화할 시간은 있단 말인가? 독서에 취미가 없다면서 이해되지 않는 교과서를 붙잡고 언제까지 끙끙 앓을 텐가? 주말에 책을 읽을 시간이 정말 10분도 없는가? 가슴에 손을 얹고 생각해보자. 시간이 없다는 말은 반드시 핑계일 수밖에 없다. 수많은 성공한 사람들이 자신이 성공한 첫 번째 이유로 독서를 꼽는 것은 우연의 일치가 아니다. 한 권의 책은 한 사람이 몇 년에서 몇십 년 동안 갈고 닦은 지혜와 노하우를 보기 좋은 언어로 함축해놓은 결과물이다.

버스나 지하철에서 단 5분만 읽어도 좋다. 학교 쉬는 시간을 활용해도 좋고, 주말에 약간의 시간을 내서 책을 읽어도 좋다. 어느 순간이 되면 책을 읽는 것이 TV 예능 프로그램을 보는 것과 같은 기분을 경험하게 될 것이다. 꾸준한 독서는 독해력을 비약적으로 향상시켜준다.

기원전, 소크라테스는 이렇게 말했다.

"다른 사람이 쓴 책을 읽는 일로 시간을 보내라. 다른 사람이 고생하면서 깨우친 것을 보고 쉽게 자신을 개선시킬 수 있다."

만약 수학이 너무나도 어렵게 느껴지고 문제 풀이 연습을 혼자 해나가기 힘들다면 교과서를 꼼꼼하게 읽어보는 것을 추천한다. 수학의 개념이든 문제 풀이든 이해를 위해서는 먼저 용어와 기호에 익숙해져야 한다. 용어와 기호에 조금이라도 더 익숙해진다면 개념의 정확한 파악과 함께 문제 해결력에도 큰 도움이 될 것이다.

영어도 아닌 수학에서 독해 연습이 필요할까? 영어 문제가 아닌 수학 문제도 그냥 읽기만 한다고 문제 파악이 되는 것은 아니다. 무엇을 물어보는지 파악하기 위해서는 영어의 독해 연습처럼 문제를 표현하는 지문 하나하나를 꼼꼼하게 봐야 한다. 수학 문제가 뭘 물어보는지를 알아야 문제를 풀 수 있지 않겠는가.

지문이 긴 수학 문제를 풀기 위해서는 문제에서 요구하는 개념을 이해하고 있어야 하고, 기호와 수식의 의미를 알아야 한다. 그래야만 문제에서 물어보는 바를 파악할 수 있다. 문제를 정확하게 독해할 수 있어야 그에 맞는 해결책을 찾을 수 있다. 비록 우리말로 표현되어 있다 할지라도 수학에서 독해 연습이 필요한 이유다.

수학은 단순 암기 과목이 아니다

공식만 외우는 공부

나는 인천에서 태어나 인천에서 초·중·고를 다녔다. 동북아의 허브 공항이 위치하고, 우리나라 제2의 항구도시인 내 고장 인천이 자랑스러웠다. 초등학교 사회 수업 시간에는 내가 사는 지역의 역사, 특징, 장점 등을 배웠다. 그래서 인천상륙작전 기념관, 강화 고인돌 유적지, 차이나타운 등에도 소풍을 종종 갔었다.

고향을 사랑하는 만큼이나 서울에 대한 막연한 동경도 있었다. 특히 나는 서울 '지하철'에 대한 로망이 컸었다. 서울로 대학을 가서 지하로 다니는 전철을 타고 다니는 상상을 하면 이유 없이 마냥 좋았다. '나는 꼭 서울로 대학을 가야지'라는 마음을 항상 품고 다녔다.

누가 보면 수도권이 아닌 머나먼 곳의 지방사람 이야기냐고 할 수도 있겠다. 그리고 인천도 지하철 1호선이 다니지 않느냐고 반문할 수도 있다. 맞다. 인천에는 1호선이 다닌다. 이 1호선은 서울의 주요 지역인 용산, 서울역, 서울시청, 청량리를 거쳐 경기도 의정부시까지 관통한다. 하지만 나는 1호선에서 서울 향기를 맡을 수 없었다. 왜냐하면, 우리 집 근처로 오는 1호선은 '지상'으로 다니는 전철이었기 때문이다.

고등학교 시절에는 서울에 갈 일이 몇 번 있었다. 친구가 이화여대 앞에 파마와 염색을 하러 간다고 해서 따라갔던 기억이 있다. 그때 지하철 2호선을 탔는데, 나만이 느낄 수 있는 어떤 냄새가 있었다. 나는 그걸 '서울 냄새'라고 불렀다. 1호선에서는 맡을 수 없는 특유의 서울 냄새가 좋았다. 아마 지금 생각해보면 그 냄새는 지하철 라돈 냄새였던 것 같기도 하다.

내가 다닌 한양대는 지하철 2호선이 다녔다. 수학 과외를 하기 위해 성동구, 강남구, 서초구를 쉴새 없이 지하철로 이동했다. 내가 동경했던 그 냄새는 대학에 입학하고 얼마 지나지 않아 더 이상 맡을 수 없었다. 서울에 대한 막연한 동경심에서 생긴 냄새였으리라.

요즘은 수업이 있는 날엔 보통 차로 이동한다. 대중교통에 비해 편리하고 이동시간도 짧다는 점이 장점이다. 하루는 내 차가 고장이 나서 수리를 맡겼다. 그래서 오랜만에 지하철로 이동을 했다. 지하철 전동차는 비교적 한산했다. 자리엔 사람이 쭉 앉아 있었는데 한 여학생이 눈에 띄었다. 작은 요약집같이 생긴 책을 무릎 위에 놓고 외우는 듯한 모습을 보였다. 나는 영어 단어인가 싶어서 그쪽을 응시했다.

'아뿔싸!'

여학생이 보고 있는 작은 책은 단어장이 아니었다. 바로 '수학 공식집'이었다.

"학생, 수학 공식을 외운다고 수학을 잘하게 되는 게 아니에요. 수학 공식은 개념적으로 이해를 해야지, 무작정 외우면 오히려 이해도 못 하고 결국엔 까먹고 시간 낭비만 된다고요."

이렇게 말하고 싶은 마음이 굴뚝같았다. 하지만 나는 용기를 내지 못했다. 생전 처음 보는 낯선 사람이 지하철에서 짬을 내어 열심히 공부하는 학생에게 그렇게 공부하면 안 된다고 말하기가 참 어려웠다. 이 학생은 지하철로 이동하는 자투리 시간을 활용해서 열심히 공부하는 건데, 안타까웠다. 도대체 저 수학 공식집은 어떤 놈이 만든 거야.

이차방정식을 공부하면 그 유명한 '근의 공식'을 배우게 된다. 우스갯소리로 남자들이 군대를 갔다 와서 수학을 공부했던 두뇌가 증발했는지, 아닌지를 판단하는 기준이 되기도 한다. 근의 공식은 이차방정식의 근을 구하기 위해 만들어진 공식이다. 교과서에는 근의 공식을 다음과 같이 소개하고 있다.

$ax^2+bx+c=0$ (단, $a \neq 0$)이라 할 때,

$$a(x^2+\frac{b}{a}x)=-c$$

$$a(x+\frac{b}{2a})^2-\frac{b^2}{4a}=-c$$

$$a(x+\frac{b}{2a})^2=\frac{b^2-4ac}{4a}$$

$$(x+\frac{b}{2a})^2=\frac{b^2-4ac}{4a^2}$$

$$x+\frac{b}{2a}=\pm\frac{\sqrt{b^2-4ac}}{2a}$$

$$x=\frac{-b\pm\sqrt{b^2-4ac}}{2a}$$

대부분의 학생들은 유도 과정을 눈으로 훑어보거나, 아예 눈길을 주지 않는다. 보통은 이런 유도 과정을 생략한 채, 마지막 공식만 외우는 데 집중한다. 이런 관점으로 보면,

$ax^2+bx+c=0$ (단, $a \neq 0$)이라 할 때,

$$x=\frac{-b\pm\sqrt{b^2-4ac}}{2a}$$

이렇게 아주 간단하게 결과 공식만 외우는 공부를 한다. 이렇게 공부했을 때의 문제점은 개념에 대한 충분한 이해가 부족해서 변형된 문제가 출제되면 풀지 못하는 경우가 많다는 점이다.

그리고 공식 자체를 잊어버리기 쉽다. a, b, c 순서가 어떻게 됐지? 분모에 있던 게 $2a$였나? $2b$였나? 루트 안에 있던 건 b^2-4ac였나? b^2-ac였나?

근의 공식을 유도할 줄 모르는 학생도 근의 공식을 잘만 사용해서 문제를 풀어낸다고 말하는 사람도 있을 수 있다. 사실 이런 학생은 a, b, c를 이용해서 유도하지만 않았을 뿐, 숫자를 이용해서 답에 이르는 과정을 유도하듯이 공부를 마친 경우다(a, b, c대신 숫자를 넣어보면 모든 문제집에서 볼 수 있는 간단한 형태의 문제가 됨을 알 수 있다).

유도 과정의 중요성

이해를 돕기 위해 근의 공식의 예를 들었다. 하지만 근의 공식뿐만 아니라 수학 문제는 공식의 유도 과정을 알아야 문제가 풀리는 상황이 많이 존재한다. 고난도 문제일수록 이런 경향은 짙어진다. "선생님, 공식 유도를 일일이 다 하기에는 공부할 시간이 부족한 거 아닌가요?"라고 묻는 학생도 있었다. 공부를 효율적으로 하고자 하는 그 마음은 충분히 이해한다. 하지만 수학은 단언컨대, 공식 암기로 해결할 수 있는 지름길은 없다. 공식을 외워서 쉬운 문제들을 풀어나갈 수는 있겠지만, 고난도 문제의 정답을 맞히는 일은 분명 어렵다.

수학 점수가 높은 최상위권 학생들은 어떤 공식이 나왔을 때,

반드시 유도 과정을 이해하고 손으로 직접 유도해본다. 수학 개념 학습의 기본은 '이해'를 한 다음에 넘어가는 것이다. '암기'를 한 다음에 넘어가는 것이 아니다. 공식이 어떻게 만들어졌는지 유도 과정을 모르면 그 공식의 내용을 이해한 것이 아니다. 많은 수학 선생님들이 유도 과정을 강조하는 이유가 여기에 있다.

이런저런 문제집을 쇼핑해서 수백 문제를 풀어본다 해도 숫자만 다를 뿐, 풀이 방법은 똑같다. 하지만 수학적 개념을 정확하게 이해하지 못하면 매번 새로운 문제 같고 매번 어렵게 느껴진다. 수학은 단순 암기 과목이 아니다. 수학 공식을 달달 외우려고 하지 말자. 공식은 귀찮은 과정을 줄여주는 도구일 뿐이다. 공식을 어디에 활용할 수 있는지와 유도 과정의 핵심 논리를 파악하자. 이 두 가지를 확실하게 해놓으면 문제 풀이의 탄탄한 기반이 될 뿐만 아니라 전체적인 수학의 눈을 뜨는 데 큰 도움이 될 것이다.

다시 한번 강조하지만, 공식을 무조건 암기하는 것은 잘못된 공부 방법이다. 공식이 태어난 배경과 유도된 과정을 숙지하자. 남에게 설명해줄 수 있는 정도의 수준이 되면 공식은 자연스럽게 반강제로 머릿속에 암기가 되었을 것이다. 공식은 그저 마무리를 편하게 하려고 알아둘 뿐이다.

4

마음가짐을 바꾸면 점수가 달라진다

생계형 수학 과외

정호를 처음 만난 건 내가 본격적인 생계형 수학 과외를 시작했던 대학교 2학년 무렵이었다. 당시 정호는 중학교 2학년이었고, 반에서 성적으로는 중간 정도였다. 보통 과외 문의나 상담은 학생의 어머님이 맡으시는 경우가 많은데 정호는 아버님이 주로 나와 연락을 했었다. 이런 경우는 아버님이 어머님보다 학창시절에 공부를 잘하셨다고 보면 된다. 아버님은 우리나라에서 세 손가락 안에 드는 유명 은행에 다니신다고 했다. 하나 있는 아들을 잘 부탁한다는 말씀도 빼놓지 않으셨다.

13년 전, 초창기 내 과외 수업에서는 숙제를 하나도 내주지 않았다. 내주긴 하더라도 칼같이 검사하지 않았다. 나는 앞에서도 얘기했듯이, 생계형 과외 선생님이었다. 학생의 성적 향상보다는 내 일자리의 안위가 더 중요했다. 그렇다고 학생의 성적 향상을 위해 노력하지 않았다는 말이 아니다. 1순위가 내 과외 일자리의 보전이었고, 그다음이 학생의 성적 향상이었다. 그래서 학생이 스트레스를 받으면 안 되기 때문에 숙제를 내주지 않았다. 내가 숙제를 내주고, 숙제를 해오라고 밀어붙이고, 그 결과 성적이 오를 수 있다. 하지만 학생이 힘들어서 '이 선생님과는 한동안 수업을 쉬고 싶어요'라고 한다면 성적 향상이라는 내 의무는 다했지만, 내 일자리를 잃을 수 있기 때문이었다.

숙제가 없는 행복한 과외 수업은 1학기 동안 계속됐다. 숙제는 없었지만, 수업 중 개념 학습과 기본 문제 풀이는 철저히 시켰다. '수업 시간 중에만' 철저히 시켰다. 그러자 시험 성적은 반에서 중간을 '유지'하는 수준에 머물렀다. 곧 여름방학을 앞두고 있었고 정호 아버님께서 나에게 소주 한잔하자는 말씀을 하셨다. 앞으로의 수업 방향과 관련된 상담을 하고 싶으셨던 모양이다. 지금은 수업 외에는 학부모님을 따로 만나지는 않는다. 하지만 당시 학생이었던 나는 흔쾌히 알겠다고 대답했다.

당시 나는 개인적으로 무척이나 고민되는 일이 있었다. 대학 등록금을 학자금 대출을 이용해서 납부하고 있었다. 그런데 내가 휴학했던 1년간 나는 아무 생각도 없이 학자금 대출 이자를 연체했던 것이다. 매달 학자금 대출 이자를 내야 했는데, 이자 낼 몇만 원이 수중에 없던 적이 많았다. 그래서 이자를 내라는 문자를 보기 싫어 스팸 차단을 했었다. '나중에 돈이 생기면 한 번에 내야지' 하고 생각하고는 머릿속에서 잊고 살고 있었다. 그러다 다음 학기 등록금을 내기 위해 학자금 대출을 신청하니 '거절'되었다. 밀린 이자를 다 갚아도 이미 떨어진 내 신용도는 당장 올릴 수 없었다. 한 학기를 당장 쉬어야 할 판이었다. 어리석었지만, 이미 사건은 벌어진 후였다.

정호 아버님과의 술자리는 말 그대로 즐거웠다. 영문과를 졸업하셨지만, 외국 손님이 오면 피하기 바쁘다는 이야기, 요즘 은행권 신입사원들은 전공도 다양하고 기본 능력이 뛰어나다는 이야기가 오갔다.

정호의 수업 방향도 의논했다. 아버님께서는 정호가 선생인 나를 굉장히 좋아하고 마음으로 따르고 있다고 하셨다. 내가 하고 싶은 수업 방향으로 강하게 밀고 나가도 좋다고 하셨다. 심지어 체벌해도 좋으니 성적만큼은 꼭 잡아달라는 부탁도 있었다.

술잔이 오가며 근황 토크가 이어졌다. 은행에서 근무하시는 아버님께서는 내 용돈 관리나 재무 상황을 궁금해하셨다. 나는 관리라고 부를 만한 경제적 상황은 못 되고, 학자금 대출 연체 기록이 있어서 한 학기를 쉬었다 다녀야 할 것 같다고 덤덤하게 말씀드렸다. 그러자 아버님께서 선뜻 내 학비를 도와주시겠다고 했다. 그냥 주시는 건 아니고 6개월 치를 당겨주신다고 했다. 6개월 치의 과외비면 한 학기 등록금 정도 되었다. 나는 몇 번이고 괜찮다고 말씀드렸다. 하지만 어린 대학생이 돈 때문에 학업을 중단하는 것이 안타까웠는지 아버님께서는 선뜻 학비를 도와주시겠다고 했다. 너무나도 감사했다. 돈 빌려달라는 아쉬운 소리를 하기 싫어서 친척이나 누구에게도 말하지 않았었다. 그런데 이제 알게 된 지 이제 겨우 석 달 남짓한 나에게 이렇게까지 호의를 베풀어주시다니…. 참았던 눈물이 터지고 말았다.

그 날 이후, 정호는 이제 내 동생과 같았다. 아니, 나와 한 몸으로 여겼다. 크나큰 은혜를 입은 나는 정호의 성적은 곧 내 목숨과 같다고 여겼다. 그리고 그간의 수업 스타일을 완전히 바꾸게 되었다. 수업에서 개념을 설명하는 방식과 문제를 학생이 직접 풀어보도록 하는 원칙은 동일했다. 가장 크게 바뀐 점은 이제는 숙제를 내준다는 것이었다. 물론 숙제를 내주는 것만이 능사가 아니다. 숙제를 해오는지 직접 검사하고, 어느 부분에서 막혔는지를 분석했다. 내가 내주는 숙제를 해와야 학생의 실력이 향상될 수 있다. 그리고 틀린 문제를 다시 풀게 하고 자기 것으로 만드는 과정까지 거치면 시험 점수의 상승으로 이어진다.

모르는 문제가 나왔다고 해서 그냥 별표 치고 넘어가면 불호령을 내렸다. 수학에서 문제 풀이는 정답으로 가는 길을 찾아나가는 과정이다. '해결책 찾기 능력'을 부단히 함양해야 한다. 모르는 문제는 최대한 노력해서 고민하고, 이런저런 시도를 해봐야 한다. 그럼에도 불구하고 해결책을 찾지 못하면 그때 해설지를 보는 것이 맞다. 문제를 쓱 보고 나서 '아, 이 문제는 모르겠다' 생각하고 별표 치고 해설지를 바로 보는 식으로 공부하면 절대 안 된다. 나는 아버님에게 받은 감사함을 정호의 성적 향상으로 탈바

꿈하기 위해서 부단히 노력했다.

선생이 달라지자 정호도 눈빛부터 달라졌다. '숙제가 없는 행복한 과외 수업 시간'은 실력을 올리기 위한 '치열한 전쟁터'로 탈바꿈했다. 마음으로 나를 따르던 정호는 더욱 공부 의지를 불태웠다. 시험을 볼 때마다 정호의 성적은 향상되었고, 아버님께서는 항상 보너스를 챙겨주셨다. 6개월 치 과외비를 선불로 받았으니 당연히 6개월간은 내가 받을 수업료는 없었다. 하지만 아버님은 정호의 성적이 오르거나 사기 진작 차원에서 과외비를 받는 날 즈음이 되면 나에게 보너스를 보내주셨다. 덕분에 나는 학비와 생활비를 해결할 수 있었다. 지면을 빌려 13년 전 정호 아버님께 진심으로 감사의 말씀을 전한다.

성적을 올리는 단 하나의 비법

정호와의 수업을 계기로 내 과외 지도 방식에도 큰 변화가 있었다. 먼저 학생이나 학부모님의 눈치를 보지 않기로 했다. 학생이 나와의 수업을 선택한 첫 번째 목적은 '성적 향상'이다. 좋은 인성을 함양하고 올바른 사람이 되는 일은 학교에서 맡아서 해줄 테니, 나는 오로지 성적 향상에만 집중하기로 했다. 그리고 학생이 스트레스받아서 혹시라도 내 일자리를 잃을까 봐 전전긍긍하지 않기로 결심했다. 내 일자리를 잃을까 봐 걱정하는 것보다 학생의 성적이 오르지 않아서 걱정하는 일이 훨씬 당연했다. 학생의 기분을 맞춰주는 수업이 아닌, 성적 향상에 집중한 수업을 하게 되니 내 마음이 한결 편안해졌다. 반대로 내 일자리는 점점 더 견고해졌다. 과외 문의가 끊이지 않았고 팬덤이 생기기 시작했다. 학생에게 잘 보이기를 포기하니 학생이 더 좋아하기 시작한 것이다. 물론 성적이 올랐음은 두말할 필요도 없다.

숙제 검사만큼은 15년이 지난 지금도 목숨을 걸고 한다. 소개하고 싶은 여러 가지 공부법이 많지만, 그중에서도 학생의 성적을 올리는 단 하나의 비법을 꼽으라면 이렇게 이야기하고 싶다.

"학생이 숙제를 해오면 성적은 저절로 오른다."

대치동의 유명 학원에서도 숙제 검사를 목숨 걸고 하는 곳은 그리 많지 않다. 숙제를 내주기는 아주 쉽다. 진도 나간 부분에서 몇몇 문제를 풀어오라고 얘기만 하면 끝이기 때문이다. 숙제 검사를 일일이 하기 어려운 이유는 학생 한 명, 한 명 붙잡고 숙제를 해오게끔 만들어야 하기 때문이다. 학생이 숙제를 하지 못한 이유는 백 가지도 넘는다. 강사는 이를 뚫고 어떻게든 숙제를 해올 수 있는 이유를 만들어주어야 한다. 적절한 당근과 채찍을 병행해야 한다. 쉽지 않은 일이다.

숙제를 해오라고 백 번 얘기한들 잔소리에 지나지 않는다. 중요한 것은 학생이 숙제해오도록 만드는 것이다. 마음가짐을 바꾸게 만들어주어야 한다. 학생 스스로 공부해야 할 이유를 찾고, 내가 공부하면 반드시 성적이 향상된다는 믿음을 가진다면, 결국엔 성적 향상이라는 달콤한 열매를 맛보게 될 것이다. 마음가짐을 바꾸면 점수가 달라진다.

5

자습은 성적 향상의 시작과 끝이다

100% 이해했다고 말할 수 있으려면

대학 생활을 하면서 친한 친구 중에 과외를 하는 사람은 나밖에 없었다. 보통 다른 친구들은 집에서 보내주는 용돈으로 생활할 수 있었다. 평소엔 불편함이 별로 없었지만, 시험 기간이 되면 조금 불편했다. 과외를 가야 하니 내 전공 공부할 시간이 부족했기 때문이다. 평소에 친구들과 술 마시고, 당구 치고, 축구 게임하고, 미팅도 나가다 보면 자연스레 공부를 등한시하게 된다. 내 마음속으로는 고등학교 3년, 노량진 재수 생활 1년까지 총 4년 동안 스스로를 구속하고, 제어하며 공부했기 때문에 대학에만 가면 못 해본 연애와 음주와 각종 취미를 실컷 해보겠다고 다짐했었다. 아이러니하게도 재수생 시절에는 연애했었지만, 대학교 1학년 때는 연애와는 인연이 없었다.

평소에 미리 공부해놨으면 좋았겠지만, 고등학교 때 놀지 못한 한을 풀기 위해서 평소에는 열심히 놀았다. 그 결과, 시험 기간이 닥치자 발등에 불이 떨어지게 되었다. 학점을 어느 정도 잘 받아야 졸업할 수 있고, 졸업 후 취업하는 데 유리할 테니 말이다. 벼락치기로 공부를 하는 와중에도 과외를 가야 했다. 당시 나는 두 명에서 세 명 수준으로 과외를 유지했었다. 너무 많이 잡으면 내 학교생활에 지장이 있을 테니 그걸 방지하기 위함이었다.

시험 기간에 도서관에서 공부하다가 과외 시간이 되면 공부를 중단해야 했다. 나에게 주어진 시간은 많지 않았다. 이 상황을 극복하기 위한 내 해결책은 우선 학교 내 김밥집에서 참치김밥 한 줄을 산다. 젓가락과 단무지는 필요 없다. 은박지로 쌓여 있는 김밥 한 줄을 들고 지하철을 탄다. 수업하러 이동하는 동안 야금야금 먹는다. 시간을 아끼는 데 아주 환상적이었다. 그래서 수업하기 위해 이동할 때마다 나는 항상 참치김밥을 먹으면서 다녔다.

자율형 사립고(이하 자사고)에 다니는 영수를 만난 건 내가 참치김밥에 질릴 즈음이었다. 영수네 집으로 가는 길에 롯데리아가 있었다. 롯데리아의 데리버거는 저렴하지만, 맛은 달달하니 좋았다. 2,000원 남짓한 가격으로 배를 채우기엔 제격이었다. 영수는 고등학교 1학년이었고, 이 아이가 다니는 자사고는 수학 진도를 굉장히 빨리 나간다고 했다. 일반 고등학교 1학년 과정을 1학기도 채 안 되는 시점에 마치고 2학년 과정으로 달려나간다고 했다. 학교 수업 속도를 따라가지 못해서 나에게 도움을 청한다고 했다.

자율형 사립고는 학교별로 개성 있는 교육을 실시하기 위해 정부가 2010년 도입한 제도다. 기존의 자립형 사립고보다 학교의 자율성을 더 확대·발전시킨 것이다. 자사고는 자체적으로 교과 과정을 운영하거나 수업 일수를 조정할 수 있다. 자사고인 영수의 학교에서는 수학 교과 과정을 학교 재량으로 편성할 수 있었다.

참고로 정부가 2019년 11월 7일 외국어고(외고), 국제고, 자율형 사립고(자사고) 등 세 개 고등학교 유형을 완전히 없애기로 하는 내용을 골자로 한 '고교서열화 해소 방안'을 발표했다. 교육부는 2019년 말에 초·중등교육법 시행령을 개정해 고교학점제가 도입되는 2025년 3월부터 자사고와 외국어고, 국제고를 일반고로 전환할 예정이다.

영수가 다니는 이 학교의 전략은 고2를 마치는 시점 이전에 고등 수학 교과 과정을 빨리 끝내고, 고3이 되는 시점에는 모든 진도를 끝마친 상태에서 수능에 전력을 다할 수 있게 만드는 것이었다. 전략 자체는 나쁘지 않다. 하지만 고교 입학 전에 선행 학습이 안 되어 있는 학생이 학교 수업만 듣고 따라가기에는 무리가 있었다. 그렇게 우리의 수업은 시작되었다.

수업은 주로 밤늦은 시간에 이뤄졌다. 영수는 학교 수업이 끝나면 학원으로 달려갔다. 국어, 영어 학원만 다니는 줄 알았다. 그런데 수학 학원까지 다니고 있었다. 뭔가 잘못돼도 한참 잘못됐다. 영수는 학교에서 수업을 듣고, 학원에 가서 수업을 들은 후, 나에게 과외 수업을 또 듣고 있는 것이다. 내가 여기서 '듣는다'라는 표현을 했다. 많은 학생들이 착각하는 것이 수업을 듣기만 해도 공부가 된 줄로 안다는 것이다. 공부는 결코 '듣기'만 해서는 자기 것이 안 된다. 앞에서 설명하는 사람이 매끄럽고 유려하게 설명해주니 듣는 입장에서는 '아 그렇구나' 하고 이해한 것으로 착각하게 된다. 하지만 그 내용을 직접 설명해보라고 하면 버벅대거나 못하는 게 당연하다. '이해'를 못해서 그렇다. 이해하려면 수업 시간에 들은 내용을 직접 다시 한번 살펴보고, 누군가에게 설명할 수 있을 정도의 경지에 올라야 한다. 그래야 100% 이해했다고 할 수 있다. 즉 '자습'을 해야 한다는 말이다.

수업 시간에 배운 내용을 복습하고 머릿속에 정리하려면 자습 시간이 절대적으로 필요하다. 영수는 자습할 시간이 절대적으로 부족했다. 그래서 부모님께 말씀드렸다. 영수는 자습할 시간이 부족하니 학원을 그만두든지 나와의 과외 수업을 그만두든지 선택하셔야 한다고 했다. 내 수업이 잘리더라도 그게 학생을 위한 길임이 분명했다. 며칠 후, 영수는 수학학원을 정리했다고 말했다.

그 후, 영수는 우선 학교 수업을 따라갈 수 있는 능력이 되었다. 성적 향상은 그 이후에 이루어졌다. 6등급이었던 수학 성적은 점차 올라 2등급 수준까지 이르렀다. 개념을 잡는 데는 수업이 도움이 된다. 나와 수업한 결과, 성적이 향상된 것도 맞다. 하지만 이보다 더 중요한 성적 향상 요인은 영수가 하루에 최소 3시간은 자습 시간을 확보했다는 점이다.

수학과 과학·사회 문제의 차이점

수학은 과학이나 사회 과목과는 달리 문제가 주어졌을 때 '해결책 찾기 능력'이 매우 중요하다. 이해를 돕기 위해 2020학년도 수능 수학과 과학탐구 문제를 살펴보자.

수학은 문제가 몇 줄 되지 않는다. 그리고 문제와 문제 사이에 공간이 아주 많다. 반면에 과학탐구 문제를 보면 일단 문제가 빼곡하다. 한 문제 안에 담겨 있는 정보의 양도 많다. 수학과 다른 과목의 차이점이 수능 문제지에서 아주 명확하게 보인다. 과학이나 사회와 같은 소위 '암기 과목'이라 불리는 과목은 내가 개념으로 습득한 정보가 맞는지 틀리는지를 판단하는 방식으로 문제를 풀 수 있다. 쉬운 문제는 교과에서 설명한 개념이 쉽게 드러날 것이고, 어려운 문제라 하더라도 개념이라 불리는 지식을 제대로 이해하고 암기했다면 정답을 도출하는 데 큰 무리가 없다.

반면, 수학은 문제 안에 담긴 정보가 길지 않다. 어떤 문제가 주어지면 학생은 이 문제를 어떻게 풀지 이리저리 궁리한다. 이 과정을 '해결책을 찾는 과정'이라 부른다. 입시 수학의 문제는 반드시 정확한 정답이 존재한다. 주어진 문제에서 정해진 정답까지 가는 과정이 바로 저 공간이라고 보면 된다. 정답으로 가는 길에 A 개념을 활용할지, B 개념을 활용할지 이리저리 해결책을 찾는 과정으로 보면 이해가 쉽다. 마치 '방 탈출 게임'을 하는 것과 유사하다. 방을 탈출하기 위해서 여러 힌트를 얻고, 이런 힌트 중에 방을 탈출하는 데 필요한 것이 무엇인지 이리저리 궁리하는 과정

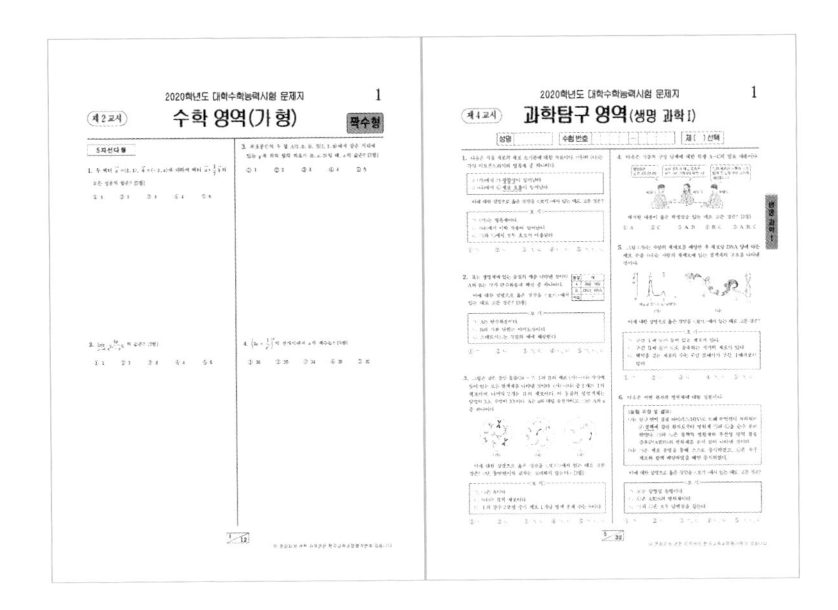
2020학년도 대학수학능력시험 문제지 1

제 2 교시 수학 영역(가 형) 짝수형

5지선다형

2020학년도 대학수학능력시험 문제지 1

제 4 교시 과학탐구 영역(생명 과학 I)

성명 수험번호 제[ ]선택

생명 과학 I

이 꼭 수학 문제를 푸는 과정과 유사하다.

그래서 수학에서는 이 '해결책 찾기 능력'을 높이는 일이 무엇보다 중요하다. 이 능력을 높이려면 처음 보는 문제를 놓고 정답을 찾으려고 부단히 노력하는 과정이 필수다. 이 부단히 노력하는 과정은 누구의 도움 없이 혼자서 수행을 해야 한다. 자습을 해야 한다는 뜻이다.

아무리 고민을 해봐도 문제를 풀 수 없다면 그때 인강(인터넷 강의)을 찾아 듣거나 선생님의 도움을 받아야 한다. 마냥 수업만 듣는 것이 내 수학 실력을 올리는 데 도움이 되는 것이 아니라는 말이다.

수학 문제 풀이는 사실 수업이 거의 필요하지 않다. 여기에서 말하는 문제 풀이의 문제란, 수학 기본서에서 개념과 공식 이후에 바로 나오는 기본 문제가 아니다. 기본 문제는 보통 풀이 과정을 상세히 본문에 적어주는데, 이 문제가 아니다. 기본서 뒤편의 연습 문제나 유형 문제집의 문제를 말한다.

문제 풀이를 어떻게 하는지 한두 문제 정도 선생님의 시범을 보는 것은 괜찮다. 하지만 그 이상을 보는 것은 남의 능력을 구경하는 것밖에 되지 않는다. 축구를 잘하기 위해서 손흥민의 경기를 수백 번 본다 한들 내 축구 실력이 일취월장하지 않는 것과 같은 이치다. 직접 운동장에 나가서 공을 만지고 스스로 운동해야 내 능력이 성장한다. 성적 향상에 직접적으로 연결되는 자습은 성적 향상의 시작과 끝이다.

수학 공부가 전체 성적을 좌우한다

수학 기본서를 맹신한 결과

나는 수능 시험을 두 번 봤다. 첫 번째는 고등학교 3학년 때이고, 두 번째는 1년간의 재수 생활 후다. 두 번의 시험 사이에는 교육 과정의 변화가 있었다. 2003년 11월에 응시한 첫 번째 수능 시험은 '6차 교육 과정'의 마지막 시험이었고, 두 번째 시험은 '7차 교육 과정'의 첫 번째 시험이었다. 교육 과정이 바뀐 것이다(7차 교육 과정 이후의 개정된 교육 과정은 ○차 교육 과정이라는 말 대신 ○○학년도 개정 교육 과정이라 부르고 있다).

주변에서는 내가 재수를 하게 되면 교육 과정이 바뀌게 되기 때문에 6차 교육 과정 마지막 수능에 집중해야 한다고 했다. 재수를 하면 큰 불이익이 있을 거라는 말도 있었다. 난 수능 과목이 어떻게 바뀌는지 찬찬히 살펴봤다. 교육 과정이 바뀌면서 변화된 부분이 분명 있었다. 하지만 크게 달라진 점은 없었다. 수학은 고1 과정인 공통수학(지금의 수학 상, 하)이 수능 시험의 직접 출제 범위에서 제외되었고, 미적분이 선택으로 변경되었다. 이전과 비교했을 때 시험 범위가 줄어든 셈이었다. 국어와 영어는 동일했고, 과학탐구도 선택과목제로 변경되면서 범위가 줄었다. 결론은 전체적으로 공부할 양이 줄어들었다. 충분히 재수를 도전해 볼 만한 변화였다.

고등학교 3년 동안 나는 수학을 잘하기 위해서 수학 기본서를 집중적으로 공부하는 방법을 선택했다. 처음에는 《개념원리》로 시작했다가 나중에는 《수학의 정석》으로 변경했다. 이유는 나보다 공부 잘하는 아이들이 《수학의 정석》을 많이 봤기 때문이었다. 독학 스타일이었던 나는 《개념원리》로 1회독 했었다. 그러고 나서 《수학의 정석》으로 기본서를 변경해 다시 공부했다. 이런 기본서로 공부하는 것은 일단 잘한 선택이다. 하지만 내 공부 방법의 문제점은 굳이 두 권의 기본서를 공부했다는 것, 그리고 오직 기본서만 공부했다는 점이다. 기본서만 세 번, 네 번을 봤다. 보고 또 봤다. 기본서가 최고라는 몇몇 선생님의 의견을 너무 맹목적으로 믿어버렸다. 고등학교 3년간 오로지 기본서만 파헤치고 수능 시험을 보게 되었다. 결국, 수학 3등급이라는 성적표를 받게 된다. 내가 투자한 공부 시간에 비해 턱없이 불만족스러운 결과였다.

이후 1년간의 재수 생활에서는 수학 공부 방법을 바꾸었다. 먼저 기본서만 공부하는 방법에서 유형 문제집, 수능 기출 문제와 평가원 기출 모의고사 문제를 추가해서 풀었다. 재수 학원 교재가 유형 문제집이었기 때문에 문제집 한 권 푸는 건 진도에 맞춰 쉽게 해나갈 수 있었다. 수능 시험과 6월 및 9월 모의고사는 '한국교육과정평가원'이라는 기관에서 문제를 출제한다. 바로 이 평가원에서 출제한 5개년 기출 문제를 전부 풀었다. 틀린 문제는 표시해두었다가 얼마 시간이 흐른 후에 다시 풀었다. 거기에서 또 틀린 문제는 별표 표시를 한 후에 마찬가지 방법으로 다시 풀었다. 내가 틀린 문제는 나의 정확한 약점이다. 이런 약점만 모아서 다시 보강했으니 약점이 지워지는 것은 당연한 이치다. 이렇게 내 약점을 계속해서 보완해나갔더니 나는 금세 수학 완전체의 몸을 가질 수 있었다.

2~3등급을 왔다갔다했던 내 수학 성적은 6월 모의고사 이후로 굳건한 1등급을 찍을 수 있었다. 그 이후, 수능 시험까지 줄곧 1등급을 유지하게 되었다. 수능 수학에 완벽히 눈을 뜨게 된 것이다.

수학 성적이 견고하게 1등급을 유지하게 되자 다른 과목에 투자할 수 있는 시간이 증가했다. 지난 수능 과탐에서 시험을 망쳤었지만 개념 공부와 문제 풀이 시간을 늘리니 수능에서 생물(지금의 생명과학)은 1문제 틀린 2등급을, 지구과학은 만점을 받을 수 있었다. 주력이었던 화학1과 화학2도 1, 2등급을 나란히 찍었다. 영어도 점차 성적이 올라갔다. 수학 성적이 1등급으로 확고해지자 다른 과목에 투자할 공부 시간이 늘면서 자연스레 성적 향상이 동반됐다.

입시 수학의 대전제

내가 수학에 눈을 뜰 수 있었던 이유는 입시 수학의 대전제를 알아차렸기 때문이다. 바로 '수학 문제를 푼다'라는 것은 수학의 '개념 도구' 활용법을 익히는 것과 같다는 것이다. 이해를 돕기 위해 아래 그림을 보자.

다섯 종류의 못과 나사가 있다. 이 다섯 가지는 비슷해 보이면서도 자세히 보면 뭔가 다르다. 첫 번째는 못이다. 못은 망치를 이용해서 박아야 한다. 다르게 표현하면 망치라는 '도구를 활용'해야 못을 박을 수 있다. 두 번째에서 다섯 번째는 나사다. 몸통 부분에는 나사선을 따라 홈이 패여 있다. 이것들은 망치로 때리기보다는 드라이버를 이용해서 돌려주면 쉽게 원하는 곳에 정착시킬 수 있다. 머리 부분을 보면 나사들이 각기 다른 모양으로 패여 있다. 십자, 일자, 별, 육각형 모양에 맞는 드라이버를 활용해야 제대로 나사를 조일 수 있다. 즉, 해당하는 나사 모양에 알맞은 '도구를 활용'해야 한다는 것이다.

수학 문제를 푸는 것도 이와 유사하다. 어떤 문제가 주어졌을 때, 이 문제를 해결하기 위해서는 '근의 공식을 활용해야 하는구나', '삼각함수를 활용해야 하는구나', '지수법칙을 활용해야 하는구나' 등과 같이 개념이라는 도구를 활용해서 문제를 해결할 수 있다. 다시 한번 정리하면, '수학 문제를 푼다'라는 것은 수학의 어떤 '개념 도구'를 활용할지 결정하는 것과 같다.

수학 문제를 푼다 = 개념 도구 활용법을 익힌다

이렇게 수학 문제를 해결하는 것이 적절한 수학 도구의 활용이라는 사실을 깨우치면 수학을 바라보는 관점이 한결 가벼워진다. 고등학교 수학의 교과 범위는 정해져 있고 그에 해당하는 개념들도 다 정해져 있다. 시험을 준비하기 위해 해야 할 일은 개념이라 불리는 수학적 도구를 하나씩 장착하고, 이 도구들을 활용하는 방법을 숙지하는 것이다. 이것이 입시 수학의 본질이자, 수학을 잘할 수 있는 근본적인 방법이다.

수학 실력은 하루아침에 올릴 수 없다. 중학교 수학부터 기초가 잘 잡혀 있어야 고등학교 수학을 배우면서 무너지지 않고 탄탄하게 개념을 쌓아 올릴 수 있다. 문과든 이과든 수학 성적의 뒷받침 없이 원하는 대학을 가기란 쉽지 않다. 내신이 많이 반영되는 수시 모집도 그렇고, 수능 점수가 당락을 결정하는 정시 모집도 수학을 안 보는 대학을 찾기조차 쉽지 않다. 그래서 전국의 고등학생들이 수학 공부에 많은 시간과 노력을 투자하지만, 원하는 만큼의 수학 성적을 얻는 것 또한 쉽지 않은 일이다. 그만큼 수학은 기초가 중요하고 공부 시간도 많이 소요된다.

일단 올바른 공부 방법으로 수학 1등급을 유지하는 실력을 갖추게 되면 수학만큼 견고해지는 과목도 없다. 최상위권의 학생들은 수학보다 국어나 영어를 어렵게 느낀다. 국어나 영어는 '가장 알맞은 것은?'과 같은 식의 문제가 많다. 하지만 수학은 출제된 문제를 해결하는 방법이 딱 정해져 있고 정답도 딱 정해져 있다. 정해진 개념 도구를 활용하기만 하면 문제를 해결할 수 있다는 것이다. 그래서 수학을 정복하면 다른 과목에 투자할 수 있는 시간이 상당히 증대된다. 당연히 다른 과목의 성적도 오를 수밖에 없다. 수학 공부가 전체 성적을 좌우하게 되는 것이다.

7

반복과 복습은 시험 성적을 보장한다

실력은 틀린 문제를 통해 향상된다

"선생님, 수능 기출 문제는 몇 번을 반복하면 될까요?"

수능 기출 문제를 풀어보는 일은 정말 중요하다. 너무나도 중요하기 때문에 학교나 학원, 입시 전문가들로부터 귀가 닳도록 들어봤을 것이다. 비단 수능과 수학에 국한된 이야기는 아니다. 1회 시험이 아니라면 모든 시험은 해당 출제기관이 이전에 출제했던 문제, 바로 '기출 문제'가 존재한다. 기출 문제는 시험을 출제하는 기관이 직접 출제한 문제다. 그렇기에 기출 문제를 보면 어떤 식으로 시험 문제가 구성되는지, 어떤 내용을 출제했는지를 파악할 수 있다. 더불어 어떻게 시험문제가 생겼는지를 미리 구경해봄으로써 실전 적응력을 높일 수 있다. 그래서 수능뿐만 아니라 학교 시험, 자격증 시험, 공인 영어 시험 등 시험을 준비하기 위해 기출 문제를 풀어보고 분석하는 일은 필수다.

이렇게 중요한 기출 문제를 몇 번 반복해서 풀어봐야 좋을지 물어보는 경우가 많다. 수학을 가르치고 공부법을 조언하는 내 입장에서는 단순하게 '기출 문제는 다섯 번 이상 반복하세요'라고 말하면 속이 편할 수 있다. 하지만 학생들은 수학만 공부하는 것이 아니다. 따라서 적은 시간 투자로 최대의 효과를 낼 수 있는 방법을 제시해줘야 한다. 다른 과목도 골고루 잘해야 원하는 대학에 입성할 수 있지 않겠는가. 그래서 몇 번을 반복하라는 말 대신, 항상 효율적인 방법을 제시하고자 한다.

사실 기출 문제를 몇 번 반복하는 지가 중요한 것은 아니다. 한 번을 반복하더라도 자신이 풀었던 문제로부터 얼마나 많은 내용을 얻어갈 수 있느냐가 핵심이다. 아주 쉽게 정답을 맞힌 문제는 더 이상 반복할 필요가 없다. 내가 이미 충분히 개념을 숙지하고 있고, 문제를 통해 완벽하게 정답을 도출할 수 있다면 그걸로 끝이다. 완벽하게 맞힌 문제를 여러 번 반복하면 '내가 잘 알고 있구나' 하고 확인 정도 하는 셈이다. 실력 향상과는 전혀 무관하다. 실력은 틀린 문제를 통해 향상될 수 있다.

"지난 시험보다 수학 공부 시간을 두 배 이상 투자했는데, 성적은 제자리예요."

자신의 공부량이 부족했다고 인정하는 학생은 시험을 보고 나서 성적이 나쁘게 나와도 크게 상처를 받지 않는다. 공부 시간을 더 투자하면 좋은 성적으로 이어질 것이라는 기대감도 남아 있다. 다음 시험에는 준비를 더 많이 하겠다는 의지를 불태울 수도 있다. 반면 열심히 공부한다고 하는데도 수학 성적이 오르지 않거나 반대로 떨어진 학생은 '난 노력해도 안 되나 봐'라고 혼자 실망하며 힘들어한다.

만약 나름대로 열심히 공부했음에도 불구하고 성적이 제자리라면 스스로 그 이유를 찾아야 한다. 쉬운 문제만 풀지는 않았나? 기초가 부족한 것은 아닐까? 어려운 문제만 풀지는 않았나? 개념의 이해 없이 공식만 외우고 문제 풀이로 바로 넘어가지는 않았나? 많은 학생들이 수학은 공식을 외운 후 문제에 적용시켜서 답을 찾는 과목이라고 착각을 하고 있다. 이런 식으로 계속해서 공부한다면 3수를 하든 5수를 하든 성적은 계속 제자리일 것이다.

그렇다면 수학 공부를 열심히 했고, 문제도 많이 풀었는데 성적이 오르지 않는 이유는 무엇일까? 이런 경우, 대부분은 수학을 공부하는 방법이 잘못되었기 때문이다. 앞선 내용에서 수학을 잘하기 위한 방법으로 두 가지를 소개한 바 있다. '해결책 찾기 능력'을 키우고 '개념 도구 활용법'을 익히는 것이다.

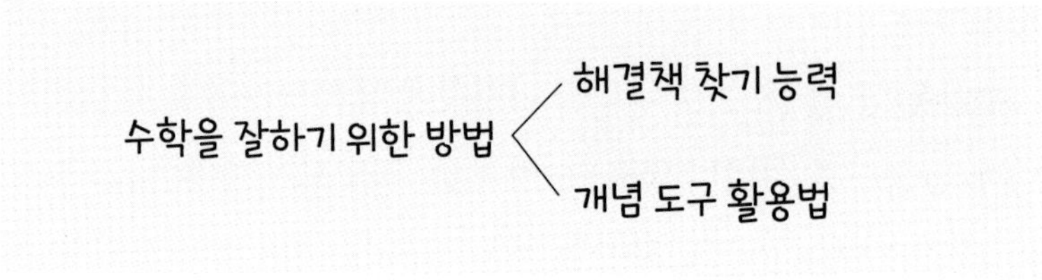

수학을 잘하기 위한 방법
- **해결책 찾기 능력**
- **개념 도구 활용법**

문제집을 많이 풀어도 성적이 오르지 않는 이유는 문제를 푸는 방법이 잘못됐기 때문이다. 수학 문제를 올바르게 풀려면 해결책을 잘 찾아야 한다. 이 방법, 저 방법으로 풀면 어떻게 될지를 가늠해보고, 이리저리 궁리해보면서 정답으로 가는 올바른 길을 찾아내야 한다. 그 과정에서 근의 공식을 사용할지, 삼각함수를 사용할지, 지수 로그를 활용할지와 같은 수학적 개념 도구 활용법을 머릿속에 체화시켜야 한다. 수학은 생각하는 과목이다. 따라서 문제를 풀 땐 반드시 생각하는 과정이 필요하다. 자신이 가지고 있는 개념 도구들 중에서 무엇을 가져다 활용할지를 부단히 생각하고 연구한 사람만이 성적을 올릴 수 있다.

수학은 반복과 복습이 점수를 만든다

학교나 학원에서 배운 내용을 당일에 복습하지 않는 학생들이 의외로 많다. 심지어 복습을 아예 안 하는 학생도 있다. 수업을 듣고 숙제를 해오지만, '복습'하는 시간을 갖지 않는 것이다. 숙제를 해오면 그나마 다행이다. 숙제는커녕 복습조차 안 한다면 이 학생은 그냥 수학 내용으로 된 영화를 한 편 감상한 것과 마찬가지다.

수업을 한 번 듣고 그 내용이 머릿속에 정리되면서 오랫동안 기억에 남는다면 얼마나 좋을까. 하지만 우리 모두가 잘 알고 있듯이, 인간의 두뇌는 그러하지 못하다. 그래서 그날 배운 내용을 복습하는 일은 매우 중요하다. 어떤 과목이든지 배운 내용을 몇 번에 걸쳐 복습하고 반복하는 것이 바람직하다. 하지만 한번 공부했던 내용을 매일 매일 볼 여유는 없다. 따라서 복습의 시기를 적절하게 잘 선택하는 것이 중요하다.

수업을 한 번 듣고 나서 이를 '장기기억'으로 저장하기 위해서는 어떻게 해야 할까? 이를 위해 '에빙하우스의 망각곡선'을 살펴보자.

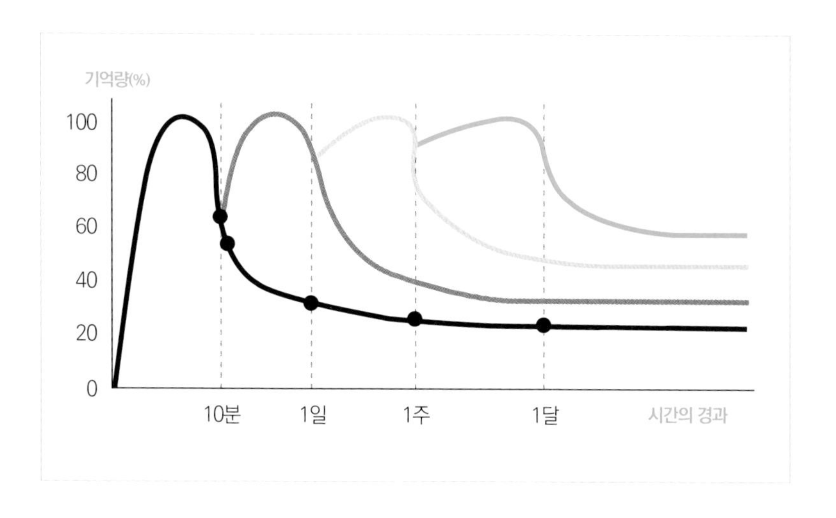

에빙하우스의 망각곡선은 기억량과 복습 시기에 관한 이론이다. 이 이론에 따르면, 학습한 이후에 시간이 지남에 따라 망각이 급격하게 일어나서 1시간 뒤에 56%를, 하루 뒤에 66%를, 한 달 뒤에는 79%를 잊어버리게 된다고 한다. 따라서 학습한 내용을 오래도록 기억하기 위해서는 반복 학습과 시간 간격을 두고 규칙적으로 여러 번 분산 학습을 수행해야 한다.

현실적으로 모든 수업 후 1시간 뒤에 복습하기는 여건상 쉽지 않다. 연속으로 수업이 진행되는 경우도 많고, 과목과 내용에 따라 필요한 복습 시간도 천차만별일 것이 분명하기 때문이다. 하지만 최소한 그날 배운 내용은 당일에 꼭 복습하는 습관을 갖자. 아주 당연한 것 같은 당일 복습 원칙도 지키지 못하는 학생들이 부지기수다. 수업만 듣고 나서 복습하지 않으면 절대 자기 것으로 만들 수 없다.

주말에는 별도로 일주일간 학습한 내용을 복습하는 시간을 반드시 계획표에 넣도록 하자. 이렇게 당일 복습과 주말 복습을 하다 보면 자연스럽게 학교 시험이나 모의고사를 맞이하게 된다. 그럼 그때는 자동으로 한 번 더 복습이 이루어진다. 이렇게 3~4차례 복습을 완료하면 단기기억에서 장기기억으로 저장할 수 있다.

수학은 결국 반복과 복습이 점수를 만든다. 한 권의 문제집을 풀더라도 한 번으로 끝내지 않고 여러 번 반복해서 푸는 것이 올바른 방법이다. '수학을 잘하려면 이해를 바탕으로 반복하라'라는 말은 너무나도 당연한 말이다. 하지만 현실에서는 이것조차도 학생들이 잘 실천하지 않는다. 학교와 학원에서 하는 수업만 듣고 자기만의 공부 시간을 갖지 않는 학생은 어떤 공부 방법도 소용이 없다.

만약 학생이 학원 숙제 이외에 별도의 시간을 내서 학습 내용을 모두 이해하겠다는 마음가짐으로 복습과 문제 풀이를 반복한다면, 실력과 성적은 수직으로 상승하게 될 것이다. 문제집을 여러 권 푸는 것은 중요하지 않다. 한 권을 풀더라도 그 안의 내용을 모두 내 것으로 만들겠다는 마음으로 여러 번 반복하는 것이 중요하다. 반복과 복습은 시험 성적을 보장한다.

8

스타 강사도 말하지 않는 사교육의 거짓말

수학 공부를 했다는 착각

"현지야, 어제 수학 공부 몇 시간 했어?"
"수학은 3시간 정도 했어요."
"오, 그럼 문제도 제법 많이 풀었겠네?"
"문제는 못 풀었고, 인강만 3시간 들었어요."

많은 학생들이 학원 수업을 듣거나 인터넷 강의를 듣고 나서 '수학 공부를 했다'고 생각한다. 3시간 수업을 들으면 3시간 공부를 했다고 착각하는 것이다. 그날 수업에서 들은 내용이 아주 잘 이해됐다고 하더라도 그것이 바로 내 실력으로 이어지기는 어렵다. 수업을 들은 것은 말 그대로 '들은' 것이다. 자기 것으로 만들려면 수업 이후에 복습하고 스스로 생각하는 시간을 가져야 한다. 수업을 들은 것은 단지 선생님의 실력을 구경한 것과 같다. 유명한 선생님일수록 설명하는 기술이 뛰어나서 선생님의 설명을 듣고만 있어도 이해한 것과 같은 착각을 불러일으킨다.

수학의 개념을 이해하기 위해 학원을 다니거나 인강을 듣는 것은 도움이 된다. 혼자서 책 펴놓고 처음 보는 개념을 이해하기 위해 안간힘을 쓰는 것보다 선생님이 도와주면 개념을 훨씬 더 쉽게 이해할 수 있다. 다시 말하면, 학원이든 인강이든 선생님의 수업은 내가 부족한 부분에 대해서 도움을 받는 것이라고 생각해야 한다. 듣기만 하면 저절로 이해되고 실력이 쌓이는 수학은 이 세상에 없다.

"○○선생님 커리 타신 분들은 어떠신가요?"

"제가 지금 수학이 3등급인데요, ○○선생님 커리 타는 게 맞는 걸까요?"

공부 관련 인터넷 커뮤니티를 보면 ○○선생님의 '커리를 탄다'는 표현을 종종 볼 수 있다. '커리를 탄다'는 말은 '커리큘럼을 듣는다'로 해석할 수 있다. 즉 ○○선생님이 개설한 강의를 대부분 수강한다는 뜻이다. 보통 인강 스타 강사들은 적게는 세 종류에서 많게는 여섯 종류까지 수업을 제공한다. 주요 강의 종류로는 기초 개념, 기본 문제 풀이, 심화 강좌, 수능 기출 문제, 난이도 최상의 킬러 문제, 수능 예상 문제 등이 있다. 이들 강의만 완전히 다 듣는 데도 상당한 시간이 소요된다.

○○선생님의 커리를 제대로 타려면 이들 강의를 다 듣고, 복습도 해야 하고, 제대로 이해했는지 확인을 위해 또 다른 문제도 풀어봐야 한다. 학교 수업도 들어야 하고 시험도 봐야 한다. 수학 한 과목만으로 입시를 준비하는 게 아니기 때문에 물리적으로 불가능하다. 결국엔 결제해놓고 다 듣지 못하거나, 학생이 성실해서 다 듣는다 해도 '듣기'만으로 끝날 가능성이 크다.

단순히 강의를 많이 듣는다고 성적이 잘 나온다면 수학을 어려워하고 싫어하는 사람이 지금처럼 많지는 않을 것이다. 사실 인강만 열심히 듣는 친구들을 보면 직접 생각하기 싫어서 그러는 경우가 많다. 스스로 고민하고 머리를 싸매지 않아도 인강을 재생하면 선생님이 쉽게 설명해주니 얼마나 편리한가. 수학은 절대로 듣기만 해서는 실력을 쌓을 수 없다. 강의를 듣는 시간보다 중요한 것은, 바로 혼자서 고민하고 문제를 해결하는 시간이다.

인강의 장점은 인터넷만 된다면 언제, 어디서든 양질의 수업을 들을 수 있다는 것이다. 도심이든 시골이든 상관없다. 그리고 이해가 잘 안 가는 부분이 있으면 몇 번이든 돌려볼 수도 있다. 게다가 인강 수강권은 현장 수업료에 비해 상대적으로 매우 저렴하다. 특히 EBS는 교재만 구매하면 수업은 무료다. 또한, 질문을 올리면 보통 하루 안에 답변을 준다. 정말 좋은 시스템이다.

이런 인강의 장점이 때로는 단점으로 작용하기도 한다. 언제, 어디서든 볼 수 있기 때문에 급할 것이 없다. 그래서 '나중에 봐야지', '몰아서 한꺼번에 봐야지' 하다가 결국 안 보는 경우가 비일비재하다. 현장 강의 수강률보다 인강 수강률이 현저하게 낮다고 한다. 실제 인터넷 강의의 완강률은 10%도 안 된다고 알려져 있다.

인터넷 강의를 올바르게 듣는 방법

그렇다면 인강을 어떻게 들어야 할까? 인강을 들을 때는 실제 학원에 다니는 것처럼 들어야 한다. 자신이 계획한 시간에 계획한 단원을 수강해야 한다. 정해진 시간에 스스로 시간 관리를 할 필요가 있다. 그렇지 않으면 자꾸 미루게 되고, 결국엔 계획대로 강의를 듣지 못하게 된다. 실제 학원 수업에 간다는 마음으로 옷도 잠옷이 아닌, 눕기 불편한 평상복을 입는 것이 좋다. 강의 도중에는 화장실도 다녀오지 않고, 휴대전화도 보지 않는 것을 원칙으로 정해보자. 카톡이 울려도 눈길 주지 않고, 목이 말라도 냉장고에 가지 말자. 한 강의가 끝난 이후, 자기가 정한 쉬는 시간에 잡다한 것들을 처리하는 습관을 길러야 한다. 인강을 듣다가 일시정지 버튼을 누르는 일은 될 수 있으면 없어야 한다. 집중해서 인강을 들을 수 있는 환경을 스스로 만들어야 한다.

인강을 처음부터 끝까지 하나도 빼놓지 않고 완강하려는 학생들이 많다. 그런데 이 학생들은 학교에서도 같은 내용의 수업을 듣는다. 학교 진도보다 선행 학습을 했을 수도 있다. 만약 어떤 단원을 선행 학습을 했고, 학교 수업 시간에도 그 단원을 배웠는데 인강으로 개념을 한 번 더 듣는다면 개념 강의만 세 번을 듣는 셈이다. 굉장한 시간 낭비다. 수업을 세 번 들을 시간에 한 번만 듣고 두 번은 자습했다면, 개념을 더 탄탄히 다지고 문제도 더 많이 풀 수 있다. 입시에서 수학이 중요한 것은 맞지만, 수학 하나만으로 갈 수 있는 대학은 없다. 효율적으로 공부해야 한다.

따라서 수학 인강은 상황을 구분해가며 골라 들어야 한다. 수학 인강을 크게 '개념 강의'와 '문제 풀이 강의'로 구분해보자. 먼저 '개념 강의'일 경우, 단원의 내용을 아예 처음 보는 선행 학습이라면 1강부터 끝까지 다 들어도 좋다. 만약 내가 어떤 단원을 선행 학습 했고, 학교 수업도 들어서 개념 공부를 다 했다 싶으면 인강에서는 그 단원을 건너뛰어도 된다. 굳이 1강부터 끝까지 다 들을 필요는 없다. '개념 강의'는 잘 모르는 부분만 골라서 듣도록 하자.

진짜 문제는 '문제 풀이 강의'에 있다. 많은 학생들이 문제 풀이 강의를 수강하기 전에 수업에서 풀어주는 문제를 미리 풀어보지 않는다. 아주 대단히 잘못된 공부 방법이다. 수학을 잘하려면 '해결책 찾기 능력'을 키워야 한다. 문제가 주어졌을 때 이리저리 해결책을 찾기 위해 궁리하고 생각하는 시간이 필요하다. 이런 고민의 시간이 수학 능력을 향상시켜준다. 그런데 문제를 미리 풀어보지 않고 바로 선생님의 해설을 듣는다는 것은 해결책을 찾을 기회를 박탈당하는 것이다. 당연히 해결책을 찾는 능력을 키울 수가 없다.

반드시 문제 풀이 강의를 듣기 전에는 문제를 스스로 미리 풀어봐야 한다. 답을 맞혔으면 선생님은 어떻게 푸는지, 내 풀이법과는 어떤 차이가 있는지 확인하고 넘어가야 한다. 답안지의 해설과 내 풀이법이 동일하고, 모르는 내용이 없다면 굳이 선생님의 풀이를 볼 필요가 없다. 정답을 맞혔다 하더라도 풀이 과정 중에 헷갈리는 부분이나 확실히 하고 넘어가고 싶은 부분이 있다면 선생님의 풀이를 봐야 한다.

답을 맞히지 못했다면 어디서 틀렸는지, 어떤 수학적 개념 도구를 활용했어야 했는지 등을 충분히 생각해야 한다. 그다음에 문제 풀이 강의를 듣는 것이 바람직하다. 문제를 미리 풀어보지 않고 문제 풀이 강의를 듣는 것은 정말 최악이다. 문제 풀이 강의는 미리 풀어본 문제 중에서 잘 모르는 문제만 골라서 듣도록 하자. 이렇게 공부하면 수학에서 정답을 찾기 위한 '해결책 찾기 능력'을 효율적으로 키울 수 있다. 이 능력을 키워야만 킬러 문제를 잘 풀 수 있고, 고득점으로 갈 수 있다.

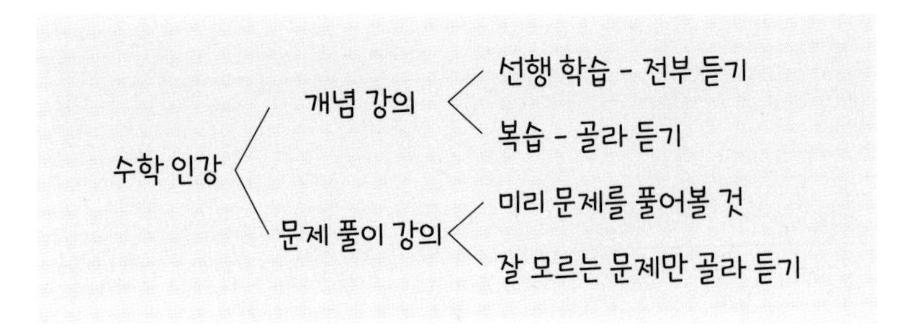

수학 실력을 키우기 위해서는 스스로 공부하고 문제를 풀면서 답을 찾는 연습을 해야 한다. 스타 강사의 커리큘럼을 열심히 듣는다고 해서 성적이 오를 일은 절대로 없다. 그 선생님의 수업을 들었다는 것은 그 선생님의 설명과 풀이 방식을 잘 구경한 것에 지나지 않는다. 성적을 올리려면 스스로 문제를 풀어보고 연구하는 시간을 반드시 가져야 한다. 선생님은 단지 도와줄 뿐이다.

이제부터라도 스타 강사에 대한 맹목적인 믿음을 버리고 제대로 공부해보자. 인강으로 듣는 선생님의 지식은 내 것이 아니다. 선생님의 지식을 내 것으로 만들려는 노력이 필요하다. 강의를 듣기만 해도 성적을 올려주는 선생님은 절대로 존재하지 않는다. 성적을 올려줄 수 있는 건 오직 자기 자신뿐이다.

3장

시험 성적보다 공부 과정에 집중하라

1

수학을 못하는 학생들의 공통점

암기식 공부와 부족한 수학 기초

학생이라면 누구나 높은 수학 점수를 받고 싶어 한다. 부모님이라면 누구나 자신의 아이가 수학을 잘했으면 하는 마음을 가지고 있다. 그럼에도 불구하고 '나는 수학 머리가 없어', '노력만으로는 안 되는 게 수학이야'와 같이 유독 수학에 자신 없어 하는 학생들이 많다. 수학을 못하는 학생들은 대체로 비슷한 원인이 있다.

우선 수학을 '암기식'으로 공부하는 경향이 있다. 우리가 초등학교 때 맨 처음 '구구단'을 접하게 된다. 아니, 외우게 된다. 1단부터 9단까지(최근에는 19단까지 외우기도 한다) 일단 맹목적으로 외우기 시작한다. 구구단이 왜 구구단인지를 모르고 외우기 시작한다. 이 공식이 어떻게 나오게 됐는지는 잘 모르지만, 일단 알려주는 대로 외워서 문제를 풀게 된다. 그러다 보니 외웠던 공식을 까먹으면 그 문제는 아예 손도 못 대게 된다.

수학 공식 외우기를 하나둘씩 미루다 보면 나중에는 그 양이 어마어마하게 쌓이게 된다. 결국, 공식 외우기를 포기하게 되고, 수학은 도무지 어디서부터 손을 대야 할지를 모르는 상황에 이르게 된다. 이렇게 몇 년이 지나고 나면 수학이 싫어지고 수포자가 된다. 수학은 생각하고, 해결책을 찾는 능력을 길러야 하는 과목임에도 불구하고 지금의 우리나라 중·고등학교 수학 시간은 공식과 문제 유형을 암기하는 시간이 되어버렸다. 이런 암기식 공부는 수학을 포기하게 되는 지름길이다.

두 번째 원인은 당연한 얘기지만, 학생들의 수학 기초가 절대적으로 부족하기 때문이다. 수학은 다른 과목과 달리 '벼락치기'가 불가능하다. 암기 과목은 시험 기간에 '시험 범위'가 정해져 있다. 이번 시험의 범위가 3~5단원이라면 그 전까지 공부를 하나도 안 해서 내용을 모르더라도 3~5단원만 바짝 외우면 경우에 따라 만점도 가능하다. 반면 수학은 단원의 연관성이 매우 크다.

예를 들어 고1 과정인 '평면도형의 방정식'을 이해하기 위해서는 중3 과정의 '이차방정식'과 '이차함수의 그래프'를 알아야 한다. '이차방정식'과 '이차함수의 그래프'는 중2 과정의 '일차함수와 그래프'와 중1 과정의 '일차방정식', '좌표와 그래프'를 미리 알아야 한다.

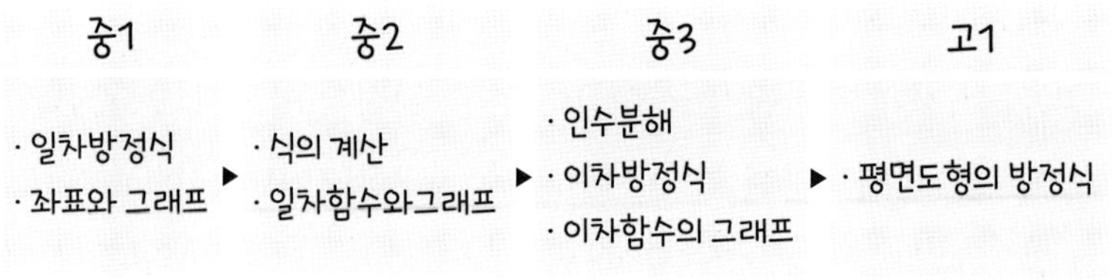

중1		중2		중3		고1
· 일차방정식 · 좌표와 그래프	▶	· 식의 계산 · 일차함수와그래프	▶	· 인수분해 · 이차방정식 · 이차함수의 그래프	▶	· 평면도형의 방정식

이렇게 수학은 이전 학년에서 배운 기초가 없으면 학년이 올라갈수록 해당 학년의 내용을 이해할 수가 없다. 중1 과정의 일차방정식을 제대로 이해하지 못하면 중2 과정의 일차함수를 알 수가 없다. 일차함수 수업 시간에 초인적인 집중력을 발휘하고, 일차함수 단원의 문제를 아무리 많이 풀어도 일차방정식을 모르면 일차함수의 내용을 제대로 이해할 수가 없다. 일차함수를 모르면 이차함수도 당연히 이해하려고 해도 이해할 수가 없다. 중학교 때 수학을 제대로 공부하지 않은 학생이 고등학교 과정의 기본서를 아무리 열심히 본다 한들, 머릿속에 들어오지 않는 것은 아주 당연한 이치다.

수학은 단원의 연관성이 매우 크기 때문에 벼락치기가 통하지 않는 과목이다. 또한, 문제 풀이 접근 방법과 여기에 필요한 수학적 사고력도 누적되기 때문에 바짝 공부해서 성적을 올리는 것이 불가능하다.

고등학교 수학을 잘하기 위해서는 중학교 과정의 수학 기초가 필수적이다. 기초가 단단하지 않은 건축물은 건물 자체가 강하더라도 쉽게 무너지게 된다. 밑에서 받쳐주는 기초가 탄탄하지 않으면 지진과 같은 큰 충격에 여지없이 붕괴될 수밖에 없는 것과 같은 이치다.

따라서 자기 학년에 맞는 학습 내용을 완전히 이해하는 '완전 학습'이 필요하다. '완전 학습'이란, 중학교 2학년이면 중학교 2학년에 맞는 수학 진도까지 배운 내용을 완전하게 이해하는 것을 뜻한다. 많은 학생들이 '선행 학습'에 중점을 두고 다음 학년이나 그다음 학년의 내용을 미리 공부한다. 본인이 현재 속해 있는 학년의 공부도 완전하게 하지 못한 채 다음 학년을 배우는 것은 그 내용을 제대로 알 수가 없다. 완벽한 시간 낭비다.

완전 학습 = 자기 학년에 맞는 내용을 완전히 이해하는 학습

완전 학습을 못 하고 다음 학년으로 넘어가게 되면, 다음 학년의 수업 시간에 선생님이 설명하는 내용을 알 수가 없다. 이전 학년에서 배운 내용은 이미 알고 있는 것으로 가정하고 내용을 설명하기 때문이다. 학교는 한 개의 학급에 학생 수가 30명가량 되는데, 한 명, 한 명의 이해 수준을 분별해서 가르쳐줄 수는 없는 노릇이다. 선생님은 해당 학년의 진도에 맞게 수업을 해나간다. 학생들 중 기초가 부족한 학생은 선생님의 설명을 아무리 귀담아들어도 내용을 이해할 수 없기 때문에 차츰 수업을 듣지 않게 된다. 옆 친구와 장난을 치고 딴짓을 하게 된다. 그렇다고 수업을 듣지 않고 부족한 기초를 메워줄 수업을 선택할 수도 없다. 어쩔 수 없이 그 수업 시간에 자리에 앉아 있어야만 한다. 이보다 더한 고역이 어디 있겠는가.

우리나라 교육은 고2면 고2 수업만 들을 수 있다. 부족한 고1이나 중학교 내용의 수업을 학교에서 보충해주지 못한다. 그래서 자신의 부족한 부분을 사교육을 통해 보충하려는 학습 전략은 나름의 타당성이 있다. 다만, 사교육을 통해 남이 하니까 나도 덩달아 하는 맹목적인 선행 학습은 바람직하지 못하다. 주변에서 선행을 많이 한다고 불안해할 필요 없다. 선행 학습보다는 완전 학습을 위해 노력하자.

안정적인 고득점의 길로 가려면

수학을 못하는 세 번째 원인으로는, 수학 개념과 문제를 반복해서 숙지하려고 하지 않는다는 것이다. 반복과 숙지를 충분히 하지 않으면 머릿속에 문제를 푸는 접근 방식이 체계화되지 않는다. 어떤 문제를 접했을 때, '이런 문제는 이러이러한 방식으로 풀어야지'와 같은 '해결책 찾기 능력'이 몸에 체화되어야 안정적인 고득점이 가능하다. 이러한 '해결책 찾기 능력'은 교과서나 문제집에서 별도로 알려주지 않는다. 학생 스스로 문제를 풀면서 익혀야만 한다.

그래서 수학을 못하는 학생들은 절대적인 공부량을 늘리고 반복해서 숙지하는 습관을 들이는 것이 무엇보다 중요하다. 실제로 이런 학생들은 반복 학습이라는 공부의 대전제조차 지키지 못하는 경우가 많다. 문제를 반복해서 여러 번 풀어보는 것만으로도 상당히 큰 효과를 볼 수 있다. 스스로 배운 내용을 복습하고 꾸준히 반복하면서 체화해야 한다.

고등학생들에게 널리 알려진 잘못된 속설 중에 '좋은 대학 가면 예쁜 여자가 줄 선다'와 더불어 대표적인 것이 '고3 3월 모의고사 점수가 11월 수능 점수다'라는 말이다. 실제로 매년 학생들의 입시 결과가 저 속설과는 다름에도 불구하고 여전히 잘못된 속설이 통용되는 것이 참으로 안타깝다.

내가 다녔던 고등학교에서는 성적이 우수한 학생들을 별도로 관리했다. '특별반'이라 불린 이 조직은 수업은 일반 교실에서 똑같이 받았다. 하지만 야간 자율 학습 때는 새로 지은 옆 건물에서 따로 자습을 시켰다. 특별반의 자습실 책상은 일반 책상의 약 네 배 정도 되었다. 사물함도 별도로 있었고 샤워실도 있었다. 나름의 공부 잘하는 아이들만 모아놓아서 자습 시간 분위기도 공부하기 좋았다. 이 특별반의 입성은 모의고사 성적으로 판단했다. 그래서 나는 모의고사 성적에 굉장한 집착을 했었다. 특별반을 놓치고 싶지 않았기 때문이다.

모의고사 안내문을 보면 월별 모의고사 시험 범위가 공지되어 있다. 나는 모의고사 성적을 잘 받기 위해 모의고사 시험 범위에 따라 공부를 했다. 모의고사 며칠 전에는 나름 벼락치기 공부도 했다. 마음이 급하니까 안 풀리는 문제는 풀이 과정을 외우기도 했다. 그렇게 3월, 4월 모의고사를 보고 난 후 중간고사를 봤다. 다시 또 6월 모의고사가 다가왔고, 벼락치기 심정으로 모의고사를 준비했다. 얼마 후 여름방학이 찾아왔다. 마음만 급했지, 제대로 개념을 쌓을 시간을 허비해버린 것이다. 나는 결국 그해 수능에서 실망스러운 성적을 받아 들고 재수를 선택하게 된다.

3월 모의고사가 다가오면 순조롭게 공부해나가던 학생들도 마치 3월 모의고사를 대비해야 할 것 같은 초조함을 느끼게 된다. 심지어 상당수의 학생이 본인의 페이스를 잃어버리고 모의고사를 '대비'하는 잘못된 선택을 하고 만다. 3월은 11월 수능을 위해 차분히 개념을 익혀야 할 시기인데 말이다. 모의고사는 현재 자신의 실력과 수준이 어느 정도인지를 가늠해주는 역할만 할 뿐, 그 이상 어떤 의미도 없다. 모의고사를 만점 받는다고 입시에 어떤 가산점이 있는 것도 아니다. 이 시험을 못 본다고 해서 입시에서 달라질 건 정말 단 한 가지도 없다. 모의고사 성적을 위해 정작 중요한 11월의 수능에 조금이라도 소홀해서는 안 된다. 모의고사는 말 그대로 '모의' 시험일뿐이다.

수학 선행 학습,
얼마나 해야 할까?

맹목적인 선행 학습, 절대로 하지 마라

얼마 전, 후배와 밥을 먹다 고등학생으로 보이는 친구들의 대화를 우연히 듣게 되었다. 일부러 들으려고 들은 건 아니지만, 학생들과 자주 만나는 사람으로서 요즘 고등학생들의 관심사가 어떤 것인지 무척이나 궁금한 건 사실이다. 그중 내 귀에 꽂히는 몇 마디가 있었다.

"수학은 고등학교 입학 전에 수학2까지 두 바퀴를 돌려야 1등급 받는대."
"윤호는 벌써 미적분까지 끝냈잖아."

과연 수학에서 '공부를 끝낸다'는 것은 무엇을 의미할까? '천

자문을 끝냈다', '영단어 책을 끝냈다'라는 표현은 이해가 간다. '1,000개의 한자를 모두 외웠다', '영단어 책의 단어를 모두 암기했다'라는 의미일 것이다. 추측하건대, 미적분까지 끝냈다는 말은 '모든 미적분의 내용을 이해하고 문제도 풀 수 있다'라는 뜻이 아니라 그냥 미적분까지 수학 강의를 들은 '경험'이 있다는 뜻일 것이다. 제대로 수학 공부를 끝내려면 다른 사람에게 수학 개념을 설명할 정도의 수준이 되어야 한다.

요즘 강남의 수학 전문학원에서는 방학 기간에 '수학 사관학교'와 같은 수학 선행 학습 몰입 과정이 인기다. 방학 기간에 아침부터 저녁까지 수학만 공부하는 학원 과정이다. 수학 선행 학습을 긴 시간을 갖고 제대로 해보겠다는 의도다. 취지는 나쁘지 않다. 겉핥기식으로 간단하게 배우는 선행 학습은 안 하느니만 못한 것이 사실이다. 그래서 충분한 시간을 들여 제대로 가르치고 학습시키겠다는 학원의 의도는 부모님의 선행 욕심과 더해져 폭발적으로 수강생을 모은다. 하지만 자기 학년까지 배운 내용을 완벽하게 이해했음을 뜻하는 이른바 '완전 학습'이 이루어지지 않았다면, 선행 학습은 큰 의미가 없다. 이것은 마치 알파벳을 모르는데 영어 문법을 배우는 것과 같고, 모래 위에 콘크리트 건물을 짓는 것과 같다.

학원에서 선행 학습으로 진도를 나갈 때 공식 암기 위주로 어설프게 가르치는 곳이 수두룩하다. 다들 경험해봐서 알겠지만, 이런 식으로 '진도를 빼는' 선행 학습은 결국 의미가 없다. 본 학기에서 다시 처음부터 공부하게 된다. 수학1, 수학2를 몇 바퀴 돌렸느냐가 중요한 것이 아니다. 얼마만큼 알고, 이해하고, 연습했는지가 중요하다.

무작정 선행 학습을 하기보다는 현재 학교에서 배우는 내용을 잘 알고 있는지 확인하는 것이 1순위다. 그중에서 구멍이 난 개념이 있다면(대부분 어딘가는 구멍이 있다) 그 구멍난 개념을 메우는 공부가 최우선이다. 즉, '학습 결손'이 없어야 한다.

선행 학습 자체가 나쁜 것은 아니다. 학교 진도까지 충분히 깊게 공부했고, 더 이상 학교 진도 내에서는 할 게 없다면 선행 학습을 해도 좋다. 여기서 충분히 깊게 공부했다는 것은 남에게 설명할 수 있는 수준을 뜻한다. 완전 학습을 통한 개념의 정확한 이해가 필수다.

단순히 공식 암기 후에 기본 문제 정도를 공식에 대입해서 풀 수 있는 수준이라면 선행 학습을 안 하느니만 못 하다. 개념을 탄탄히 하지 않는 수박 겉핥기식 선행 학습은 정말 시간 낭비에 불과하다. 반면에 영재고 수준의 친구들이나 경시대회에서 수상을 노릴 만한 수준의 학생들은 빠른 선행이 가능하다. 이 학생들은 본인 학년의 수학을 아주 쉽다고 느끼기 때문에(실제 문제 풀이 실력도 매우 뛰어나다) 다음 단계의 내용을 선행해도 전혀 무리가 없다.

남들 다 하는데 우리 집 아이만 안 시키면 어떤 부모도 불안한 마음을 갖게 된다. 하지만 분명한 사실은 선행으로 두 바퀴를 돌리든 세 바퀴를 돌리든, 지금 하는 선행 학습이 고3 때는 도움이 안 된다는 것이다. 선행 학습이 큰 도움이 안 된다는 것은 학원도 잘 알고 있다. 하지만 학원은 이를 막을 이유가 없다. 불안함을 느끼는 부모님들이 선행 학습 강좌에 등록하고, 학원은 매출이 있어야 존재할 수 있기 때문이다.

사고력이 아닌 기억력으로 수학 문제를 연습하면 수능 시험에서 등급을 결정짓는 이른바 킬러 문제(초고난도 문제)는 손도 못 댄다. 이런 킬러 문제는 수학적 사고력으로만 풀 수 있다. 수학 도구 활용법과 해결책 찾기 능력이 몸에 배어 있어야 한다. 수학 공식은 어떻게 나온 것인지, 왜 그렇게 접근해야 하는지를 충분히 고민해야 킬러 문제와 같은 응용 문제를 풀 수 있다.

수학적 사고력은 선행 학습으로 해결될 문제가 절대 아니다. 더욱이 최근 내신 시험은 수능형 문제가 많이 출제되는 경향이 있다. 중학교 때 고등학교 수학을 선행해봤자, 수학적 사고력을 높이기는 어렵다. 그럴 시간에 중학교 1학년이라면 중학교 1학년 수학을, 중학교 3학년이라면 중학교 3학년 수학을 제대로 공부하길 바란다. 고등학교 수학을 맛보는 일은 중3 겨울방학 때부터 해도 충분하다. 선행 없이 학년마다 배우는 내용만 제대로 공부한다면 대한민국에 수포자는 없을 것이다. 학원 상담실장의 말만 믿고 선행 학습 수업을 듣는 일은 없도록 하자. 선행 학습을 할 시간에 하나라도 더 제대로 이해하기 위해 노력하고 관심을 갖는 편이 나을 것이다.

선행 학습 vs 심화 학습

여러 방송 매체에서 선행 학습의 부정적인 견해가 많이 표출되고 있다. 이와 함께 선행 학습을 시키지 않으려는 부모님들이 늘고 있다. 비효율적인 선행 학습 대신, 고난도 문제를 풀며 복습하는 '심화 학습'이 올바른 수학 공부의 길이라 여기는 것이다. 심화 학습도 선행 학습 못지않게 비효율적인 면이 많다.

어려운 문제를 주로 다루는 심화 학습은 사실 수학적 사고력을 높이기에 적절한 선택인 건 사실이다. 주어진 조건을 최대한 활용하려고 노력해볼 수 있고, 문제를 풀어내기 위해 다양한 시도를 해볼 수 있다. 이런 장점은 단순히 심화 문제를 푼다고 얻을 수 있는 것은 아니다. 문제 풀고, 답을 맞히고, 풀이를 확인하는 것이 아니라 답을 확인하는 과정에 집중해야 한다.

문제 해설을 보고 '이렇게 푸는 거구나' 하고 그냥 넘어가서는 안 된다. '어떻게 해야 이런 풀이를 생각해낼 수 있지?', '나는 이걸 왜 생각해내지 못했을까?', '다음에 비슷한 문제가 나오면 이렇게 접근해야겠다'와 같은 계속된 물음과 함께 답을 찾아나가야 한다. 또한, 문제 해설을 보면서 문제 풀이를 복기하고 반성하는 과정이 반드시 동반되어야 한다. 그래야만 심화 학습을 통해 수학적 사고력을 높일 수 있다.

심화 학습을 제대로 하려면 개념 학습을 이미 탄탄하게 다져놓은 상태여야 한다. 내신 유형 문제집은 이미 학기 중에 마스터한 수준이어야 한다. 그래야 어려운 문제투성이인 심화 학습에 효과를 볼 수 있다. 그렇지 않으면 문제들이 너무 어려워 학생이 지레 포기하고, 수학에 흥미를 잃게 될지도 모른다.

선행 학습은 학교 진도까지의 내용을 완벽히 이해한 후, 관심을 갖는 것이 맞다. 장기적인 관점으로 보면 한 학기 분량의 선행을 확실히 하고, 내신 수준의 유형 문제집 한 권을 마스터만 해도 아주 훌륭하다. 사실 이 정도도 학생 입장에서는 대단히 어려운 일이다.

선행 학습은 방학 때 한 학기 분량 정도만 예습한다는 생각으로 배울 것을 추천한다. 사실 이마저도 쉬운 일은 아니다. 훑어보는 수준이 아니라 개념을 탄탄하게 쌓아 올려야 하기 때문이다. 한정된 시간 때문에, 여러 과목을 동시에 공부하느라 한 학기 전체 분량을 선행 학습하기 어렵다면 최소 중간고사 범위까지 선행하는 것도 방법이다. 공부는 자기 자신과의 싸움이자 기세 싸움이다. 중간고사를 잘 봐서 기세가 높아진다면, 중간고사가 끝난 후 기말고사까지 그 기세를 계속해서 가지고 갈 수 있다.

선행 학습 → 공식 암기 X, 철저한 개념 이해, 반복과 숙지 필요
심화 학습 → 문제 풀이를 복기하고 반성하는 과정이 반드시 동반되어야 함.

3

문제 풀이와 공식 암기가 전부인 양 공부하지 마라

제대로 된 수학 공부법

내가 고등학교 3학년이었던 2003년은 참여정부가 처음 들어선 해였다. 뜬금없는 정치 이야기가 아니다. 학교나 학원에서 선생님들이 공통으로 말했던 것 중 하나는 '새로운 정부가 들어선 첫 번째 해인 만큼 이번 수능은 아주 쉬울 것이다'라는 것이었다. 역대로 대통령이 취임한 후, 첫 번째 수능의 난이도는 쉬웠다는 것이 근거였다. 아마 수능이 어려우면 그만큼 입시생을 둔 부모들의 여론이 악화될 것을 우려한 것으로 보인다. 사실 시험이 어려우면, 어려운 문제를 잘 풀기 위해 사교육을 많이 찾게 된다며 비판한다. 반대로 시험이 쉬우면, 변별력이 떨어진다고 비판한다. 교육 당국 입장에서는 사교육을 많이 찾게 된다는 것보단 변별력이 떨어진다는 비판을 받는 것이 부담이 적을 수 있다. 특히 수학 선생님들께서 이런 이야기를 수업 중에 많이 해주셨다. 그래서 나는 쉬운 문제를 많이 풀기로 계획했다. 수능은 쉽게 나올 것이니 쉬운 문제를 많이 풀어서 오답률을 줄이고자 했다.

쉬운 문제를 많이 푸는 일은 굉장히 즐거웠다. 푸는 족족 정답이었고, 내 문제집에는 눈이 내렸다. 맞힌 문제는 동그라미를 치고, 틀린 문제는 대각선 방향으로 틀린 표시를 했다. 쉬운 문제를 많이 맞혀 대부분 동그라미를 쳤더니 마치 눈이 내리는 듯하게 동그라미가 많았다. 나는 그런 공부법이 쉬운 수능을 대비하는 효과적인 방법이라고 착각했다. 많이 맞혀서 기분도 좋았다. 그러다 어려운 문제를 만나면 '이런 문제는 쉬운 수능에선 나오지 않겠지'라고 생각하고는 넘어가기 일쑤였다.

쉬운 문제만 주야장천 풀어제꼈으니 조금이라도 어려운 문제를 만나면 해결하기 어려웠다. 그런 어려운 문제를 앞에 놓고 생각하는 연습도 부족했고, 푸는 방법도 잘 몰랐다. 결국, 그해 수능에서 수학 3등급을 기록한다. 열심히 공부한 만큼 결과가 뒤따르지 않았다. 그렇게 대입에 실패하고 재수를 선택하게 된다. 실제로 2004학년도 수능 수학은 이과의 경우(나는 이과였다), 만점자가 4,874명(2.412%)으로 2%를 넘었으며 하나 틀리면 1등급 컷에 걸리는 수준이었다. 문제 출제는 예상대로 쉽게 되었지만, 나는 그 쉬운 난이도의 문제를 전부 잘 풀어낼 실력을 갖추지 못했다.

내가 고3 때 했던 공부의 문제점 중 하나는 정답을 맞히는 데

들인 시간을 '공부했다'라고 잘못 생각한 것이다. 어떤 문제를 푸는 데 주저 없이, 막힘없이 완벽하게 풀어냈다면 그저 아는 것을 '확인'한 것일 뿐, 내 실력을 '상승'시키지는 못한 것이다. 내 실력 확인만 계속한다면(쉬운 문제만 계속 푼다면) 내 실력을 상승시킬 기회는 갖지 못하는 것이다. 많은 학생들이 착각하는 것이 바로 이 부분이다. 정답을 많이 맞히는 '쉬운 문제 풀이'와 '학원이나 인강 수업 듣기'를 내가 '공부했다'라고 착각하는 것이다. 이 두 가지는 절대로 공부한 것이 아니다. 자신의 성적을 향상시키는 데 큰 역할을 하지 못한다. '공부를 한다'는 것은 자기 스스로 배운 것을 복습하고 남에게 설명해줄 정도의 실력이 되는 것을 의미한다.

재수 생활을 하면서 나는 제대로 된 수학 공부법을 정립하게 된다. 우선 기본서의 '개념' 내용을 남에게 설명할 정도의 수준으로 만들었다. 그 전에는 개념 설명 부분을 쓱 읽고 공식을 외운 후에 넘어갔었다. 바로 뒤에 나오는 기본 문제는 공식을 대입하면 술술 풀렸다. 그래서 난 이것이 개념 공부를 한 것이라고 착각했었다. 이를 바로잡아 공식을 외우지 않고 유도 과정을 찬찬히 뜯어보았다. 그리고 개념 설명 부분을 내가 남에게 설명할 수 있을 정도로 만들었다. 그러자 공식은 반강제로 내 머릿속에 들어왔고, 그 공식은 아주 오랫동안 내 머릿속에 남았다.

기본서의 개념을 확실하게 다진 이후에는 내신 수준의 유형 문제집 한 권을 반복해서 풀었다. 모든 문제를 2회 풀었고, 두 번째 풀 때 틀린 문제와 정답을 맞히긴 했지만 헷갈렸던 문제를 표시해서 다시 풀었다. 이런 방식으로 틀린 문제는 4회를 풀었다. 그랬더니 한 권의 문제집으로도 수능 모의고사 1, 2등급 수준까지 빠르게 올라갈 수 있었다. 여기에 수능/평가원 기출 문제 풀이를 추가로 했더니 견고한 1등급의 수준에 올라설 수 있었다. 견고한 1등급이란 문제가 어렵든, 쉽든 간에 만점이나 한두 문제를 틀리더라도 항상 1등급을 받는 수준을 말한다.

어떤 문제집이 좋을까요?

"우리 아이가 이제 ○학년이 되는데요, ○○문제집이 좋나요? 아니면 △△문제집이 좋나요?"

"△△문제집을 푼 다음에는 □□문제집을 풀면 될까요?"

어떤 문제집이 좋은지 물어보는 학생과 학부모님이 상당히 많다. 비슷한 난이도라면 시중에 출시된 문제집은 대부분 비슷하다. 이런 비슷한 문제집 중에서 개념 설명을 중점적으로 했는지(기본서, 1단계), 유형 문제 위주로 구성이 되어 있는지(내신 수준, 2단계), 심화 문제로 구성이 되어 있는지(심화, 3단계)만 구분해서 문제집을 선택하면 된다.

[표] 초등, 중등 대표 수학 문제집

1단계(기본)	2단계(내신)	3단계(심화)
디딤돌-원리	디딤돌-기본	디딤돌-응용
개념원리	개념원리 RPM	최상위 초등수학
EBS 만점왕 수학	완자	하이레벨
라이트 쎈	쎈수학	큐브수학 심화
큐브수학 개념	우등생 해법수학	일품
숨마쿰라우데	큐브수학 실력	수학의 힘 감마

[표] 고등 대표 수학 문제집

1단계(기본)	2단계(내신)	3단계(심화)
교과서	쎈수학	블랙라벨
수학의 정석	마플시너지	일품
개념원리	고쟁이	마더텅(수능 기출 문제)
수학의 바이블	개념원리 RPM	자이스토리(수능 기출 문제)
숨마쿰라우데	수력충전	경찰대/사관학교 기출 문제집
풍산자(개념)	풍산자(유형)	수학 논술문제집

초등학생이나 중학생이라면 2단계의 문제집 중 하나를 필수로 선택하고, 학생의 실력에 따라 1단계나 3단계 중 한 권을 선별해서 풀면 된다. 학교 시험이 70~80점대 학생이라면 2단계의 문제집이 좀 어렵게 느껴질 수도 있다. 그러면 1단계의 기본 문제집으로 기초를 한번 다진 후에, 2단계 문제집으로 내신 대비를 하는 것을 추천한다. 학교 시험이 80~90점대 학생이라면, 2단계 문

제집을 여러 번 반복해서 확실하게 자기 것으로 만들기 바란다. 이후에 3단계의 심화 문제를 풀어보기를 권한다. 이 정도만 해도 충분히 90점 이상의 점수를 받을 수 있다. 학교 시험이 90~100점대 학생이라면, 심화 문제와 경시대회 문제에 도전해도 좋다.

학교 시험의 점수대 별로 문제집 선택을 다르게 한 초등학생, 중학생과는 달리 고등학생은 기본서, 내신 유형 문제집, 수능/평가원 기출 문제집을 반드시 필수로 해야 한다. 문제집은 단계별로 한 권씩이면 충분하다. 문제집을 쇼핑하듯 여러 권을 사는 학생들도 있는데, 결국 다 풀지도 못한다. 실제로 비슷한 수준의 문제집 여러 권을 펼쳐보면 숫자만 바꾼 동일한 유형의 문제가 수두룩하다. 대부분 거기서 거기라는 말이다.

하위권이든 상위권이든 성적에 상관없이 기본서, 유형 문제집, 수능 기출 문제집까지 세 가지 문제집은 반드시 한 권씩 마스터해야 한다. 이 세 권만 완벽하게 숙지할 만큼 여러 번 반복해서 공부하는 것만으로도 공부해야 할 양이 상당히 많다. 이 세 가지만 확실하게 자기 것으로 만든다면, 수능 1등급은 충분히 가능하다.

기본서 + 내신 유형 문제집 + 수능 기출 문제집 → 수능 1등급

비슷한 수준의 문제집이라면 본인의 마음에 드는 문제집을 선택하면 된다. 시중에 출판된 문제집이라면 어떤 문제집을 고르든 큰 차이는 없다. 끌리지 않는 문제집을 억지로 풀게 하면 흥미가 더 떨어질 수도 있다. 그래서 이왕이면 학생 본인이 풀고 싶은 문제집을 선택하는 것이 가장 좋다. 어떤 문제집을 풀어야 하는지가 중요한 것이 아니다. 풀고 있는 문제집 한 권을 얼마나 확실하게 마스터하는지가 중요하다. 한 권의 문제집이라도 진짜 자기 것으로 만드는 것이 중요하다는 것이다.

4

인터넷 강의와 학원 선생님만 믿지 마라

형편없는 공부 기술

유명 수학 강사들의 인터넷 강의 구성을 보면 굉장히 다양하다. 고등학교 과정인 수학(상), 수학(하), 수학1, 수학2, 확률과 통계, 미적분, 기하까지 모든 과목을 섭렵한다. 또한, 과목별로 개념 위주의 수업과 문제 풀이 수업이 있다. 여기에 추가로 심화 문제 풀이, 실전 모의고사까지 합치면 한 명의 강사가 제공하는 수업은 최소 열 종류 이상이다.

그런데 이들 선생님 중 수학 공부를 어떻게 하라는 설명을 해주는 분은 극히 드물다. 대부분 본인의 수업 커리큘럼 설명에 집중한다. "이건 개념 수업이고, 이건 문제 풀이 수업이고, 이건 심화 수업이다. 개념 수업에는 누구나 이해할 수 있도록 쉽게 설명해놓았다. 이 수업을 수강한 이후에는 문제 풀이 수업을 들으면 된다"라고 자신의 커리큘럼 소개를 열심히 한다.

나도 아이들에게 수학을 가르치지만, 강사 본인의 수업을 다 들으면 모든 것이 해결되는 것처럼 이야기하는 행동은 옳지 않다고 생각한다. 나는 속으로 '이런 수업을 전부 수강한다고 수학 공부가 저절로 되는 것도 아닌데', '문제 풀이 수업은 오히려 다 들으면 손해인 수업인데…'라고 생각한다. 커리큘럼 소개도 중요하지만, 수업을 듣기 전엔 어떻게 예습하고, 수업을 들은 후엔 어떻게 복습하는지를 알려주는 것이 학생이 공부하는 데 굉장히 중요하다.

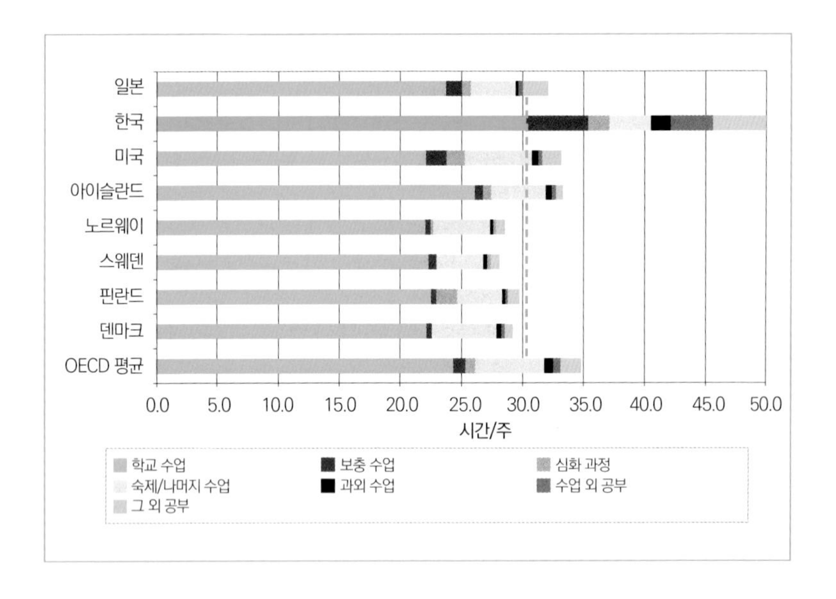

OECD(Organization for Economic Cooperation and Development, 경제협력개발기구) 통계에 따르면 고등학생의 일주일간

평균 학습 시간은 일본이 약 32시간, 미국은 약 33시간, 핀란드는 약 30시간이라고 한다. 그런데 위 그래프에서 압도적으로 긴 막대기가 하나 있다. 우리나라는 약 50시간을 기록했다. OECD 회원국의 평균보다도 약 15시간이나 많다. 전 세계에서 가장 공부 시간이 길다고 볼 수 있다.

그럼 전 세계에서 공부를 가장 오래 하는 우리나라 학생들의 학업 성취도는 얼마나 될까? 2018 국제 학업성취도 평가(Programme for International Student Assessment, PISA) 결과를 보면 OECD 37개국 가운데, 읽기 영역 2~7위(514점), 수학 1~4위(526점), 과학 3~5위(519점)를 기록했다. 3년 주기로 시행되는 이 평가에서 우리나라는 줄곧 상위권을 기록해왔다. 학업 성취도는 세계에서 상당히 높은 수준이라고 할 수 있다.

그런데 우리나라와 비슷한 순위를 차지한 일본과 핀란드는 공부 시간이 우리나라 학생들보다 월등히 적다. 비슷한 성적을 내는데 일본과 핀란드 학생들은 일주일에 30~32시간을 공부하고, 우리나라 학생들은 50시간을 공부하는 것이다. 이 통계에서 알 수 있는 사실은, 우리나라 학생들의 공부 기술이 형편없다는 것이다. 즉, 굉장히 비효율적인 공부를 하고 있다고 할 수 있다.

이렇게 비효율적인 공부를 하는 원인으로 나는 아이러니하게도 너무나 잘 갖춰진 인터넷 강의 시스템과 학원 시스템을 꼽는다. 언제 어디서든 수강할 수 있는 인터넷 강의, 설명을 쉽게 해줘서 듣기만 해도 마치 이해가 되는 듯한 착각을 불러일으키는 스

[표] PISA 2018 OECD 회원국의 영역별 점수 및 순위 비교

읽기			수학			과학		
국가명	평균	순위	국가명	평균	순위	국가명	평균	순위
에스토니아	523	1~3	일본	527	1~3	에스토니아	530	1~2
캐나다	520	1~4	**대한민국**	**526**	**1~4**	일본	529	1~3
핀란드	520	1~5	에스토니아	523	1~4	핀란드	522	2~5
아일랜드	518	1~5	네덜란드	519	2~6	**대한민국**	**519**	**3~5**
대한민국	**514**	**2~7**	폴란드	516	4~8	캐나다	518	3~5
폴란드	512	4~8	스위스	515	4~9	폴란드	511	5~9
스웨덴	506	6~14	캐나다	512	5~11	뉴질랜드	508	6~10
뉴질랜드	506	6~12	덴마크	509	6~11	슬로베니아	507	6~11
미국	505	6~15	슬로베니아	509	7~11	영국	505	6~14
영국	504	7~15	벨기에	508	7~13	네덜란드	503	7~16
일본	504	7~15	핀란드	507	7~13	독일	503	7~16
호주	503	8~14	스웨덴	502	10~19	호주	503	8~15
덴마크	501	9~15	영국	502	10~19	미국	502	7~18
노르웨이	499	10~17	노르웨이	501	11~19	스웨덴	499	9~19
독일	498	10~19	독일	500	11~21	벨기에	499	11~19
	⋮			⋮			⋮	
OECD 평균	487		OECD 평균	489		OECD 평균	489	

* PISA 점수 = 평균 500, 표준편차 100인 척도점수
* PISA2006부터 각 국가의 순위를 범위로 제공
* OECD 평균은 OECD 37개국(읽기에서는 스페인 제외) 각각의 평균에 대한 평균임.
* 출처 : 교육부(2019.12.04 보도자료, p.3)

타 강사, 선행-현행-후행까지 체계적인 계획을 잡아주는 학원까지…. 여기에서 학생이 스스로 계획을 세우고, 스스로 고민하며 문제를 푸는 과정은 빠지기 십상이다. 특히 수학은 혼자 문제 풀이를 하고 깨우칠 때 실력이 향상된다. 스타 강사의 모든 커리큘

럼을 빠짐없이 수강하는 짓(?)은 절대로 해서는 안 된다. 본인에게 필요한 부분만 선별해서 골라 듣는 능력이 꼭 필요하다.

듣기만 해도 저절로 이해되는 공부는 없다

학원이나 인터넷 강의 등의 커리큘럼을 보면 수학 공부는 보통 3단계로 구성이 되어 있다. 1단계는 개념을 익히는 단계다. 개념을 익히고 이를 적용하기 위한 기본 문제 풀이를 한다. 2단계는 내신 수준의 유형 문제집을 푸는 것이다. 그리고 3단계는 심화 문제를 풀고 실전 연습을 하는 것이다.

수학 공부의 3단계

1단계 : 개념을 익히는 단계
2단계 : 내신 수준의 문제 풀이 단계
3단계 : 심화 문제 풀이, 실전 연습 단계

학원에서는 보통 1단계와 2단계를 합쳐서 수업한다. 3단계인 심화 수준의 문제 풀이는 기본 수업에서 숙제로 내주거나, 필요에 따라 심화반을 별도로 개설하기도 한다. 간혹 내신 수준 문제집을 마스터한 실력이 아닌데도 어려운 문제만을 풀려고 하는 학생들도 있다. 여기에서 가장 중요한 부분은 개념을 익히는 1단계다. 개념을 탄탄히 한 후에 다음 단계로 넘어가지 않으면 수학의 체계를 잡기 힘들고, 고난도 문제를 풀 수 없다. 따라서 1단계, 2단계, 3단계를 순차적으로 학습하는 것이 가장 효율적이다.

순차적으로 학습하라는 것이 저 3단계에 해당하는 모든 인강을 들으라는 뜻이 절대 아니다. 1단계의 개념을 익히는 단계의 인강은 처음부터 끝까지 들어도 괜찮다. 하지만 2단계와 3단계에 해당하는 문제 풀이 인강은 절대로 처음부터 끝까지 다 들어서는 안 된다. 문제 풀이 인강은 반드시 예습해야 한다. 풀어주는 문제를 강사가 풀기 전에 반드시 학생이 먼저 풀어야 한다. 입시 수학은 누가 주어진 문제의 '해결책'을 잘 찾는지의 싸움이다. 해결책을 찾고자 고민하는 과정에서 수학 실력이 향상된다. 문제 풀이 강의를 예습 없이 바로 듣는 것은 마치 내 실력을 키울 수 있는 절호의 기회를 앞에 두고 고민할 기회를 뺏기는 것과 같다. 실력을 상승시킬 기회를 빼앗기는 것이다.

절대로 인터넷 강의와 학원 선생님만 믿어서는 안 된다. 듣기만 해도 저절로 이해되는 공부는 이 세상에 없다. 인강을 다 보면 공부를 다했다는 착각은 제발 버려야 한다. 학원에 다니기만 한다고 성적이 오르는 일은 안타깝게도 일어나지 않는다.

수업만 듣는 것으로는 이해하는 정도가 10% 남짓이다. 잘 가르치기로 소문난 선생님일수록 설명이 유려하다. 너무나도 매끄럽고 자연스러워 수업을 들으며 나도 모르게 고개를 끄덕이게 된다. 그렇다고 해서 절대로 내가 이해한 것은 아니다. 이해가 되는 것 같은 느낌을 받았을 뿐이다. 반드시 수업이 끝난 후 혼자 복습하는 시간을 가져야 한다.

그리고 문제를 직접 풀어보면서 배운 개념을 어떻게 문제 풀이에 활용할 수 있는지를 느껴야 한다. 체화시켜야 한다는 말이다. 수학적 개념과 문제 풀이를 체화시켰을 때, 비로소 완벽히 이해한 경지에 오르게 된다. 수학 공부의 3단계를 차근차근 밟아서 결국 수학을 정복하게 될 여러분을 격하게 응원한다.

5

성적은 절대적인 시간에 비례하지 않는다

다양한 대학 입학 전형

대학 입학 전형은 크게 '수시 모집'과 '정시 모집' 두 가지로 나뉜다. 대학에 따라 약간의 차이는 있지만 대체로 정원 내 기준으로 보면 수시 모집은 학생부 종합 전형, 학생부 교과 전형, 논술 전형, 특기자 전형으로 분류되고, 정시 모집은 일반 전형으로 불린다. 수시 모집의 학생부 종합 전형은 학생부 위주, 학생부 교과 전형은 내신 성적 위주, 논술 전형은 논술 위주, 특기자 전형은 실기·실적 위주, 정시 모집의 일반 전형은 수능 위주의 선발 방식이다.

수시 모집은 전형에 따라 차이가 있으나, 보통 내신 성적이 많이 반영되는 편이다. 이에 반해 정시 모집은 내신은 전혀 반영하지 않고 오직 수능 성적만 반영하거나, 내신 반영 비율이 매우 낮다. 그래서 고등학교 1, 2학년 내신을 만족스럽게 받지 못하는 학생들 중에는 아예 내신을 포기하고 오직 수능만 준비하는 사례도 꽤 많다.

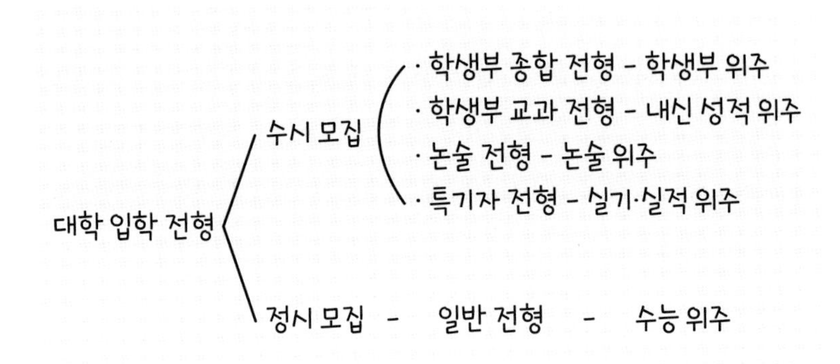

내신을 포기하고 수능만 준비하는 전략 자체가 나쁘지는 않다. 이미 받아 놓은 내신 성적이 매우 낮은데 목표로 하는 대학은 그보다 상위일 수 있기 때문이다. 그런데 내신을 포기하고 정시 모집만 준비한다고 해서 학교 수업을 듣지 않는 행동은 매우 바람직하지 못하다. 태도뿐만 아니라 학생의 수능 성적에도 좋지 않은 영향을 끼친다.

고2 여름방학 때 내 수학 수업을 듣기 시작한 현민이는 고1 수학 시험에서 5~6등급을 받은 상태였다. 현민이는 내신을 버리고 수능 준비만 하고 싶다고 했다. 그래서 학교 시험 기간과 관계없이 수학 진도를 나가길 원한다고 했다. 학교 수학 수업 시간에는 어떻게 하고 있냐고 물으니 수업을 따라가기 어려워 수업을 듣지 않고 고1 수준의 문제집을 혼자서 푼다고 했다.

나 역시 고등학교 시절에 비슷한 경험이 있었다. 학교 영어 선생님의 수업이 나에게 큰 도움이 안 된다고 생각한 적이 있었다. 그래서 수업을 듣지 않고 혼자 영어 문제집을 풀었다. 50분 수업에 50분을 온전히 영어 문제를 푸는 데 집중하지 못했다. 혹시나 선생님이 내가 다른 문제집을 푸는 걸 볼까 봐 조마조마했다. 선생님은 교단 앞에서 움직이지 않고 수업만 하지 않는다. 교재를 들고 왔다갔다하기도 하고, 누구에게 질문을 던지기도 한다. 집중이 반도 되지 않았다. 선생님의 수업 내용에 완전히 귀를 닫기도 어려웠다. 결국, 며칠 가지 못하고 수업을 잘 들어보기로 결심했다. 선생님은 적어도 나보다는 한 개라도 더 많이 아시는 분이다. 이 마음을 가지고 내가 모르는 하나라도 더 빼앗자는 생각으로 수업에 임했다. 그랬더니 몰래 혼자 다른 걸 공부하는 것보다 훨씬 더 집중도 잘 되고 효율도 좋았다.

우선 현민이가 학교 수업을 따라갈 수 있도록 기본적인 개념 위주로 진도를 따라잡았다. 그렇게 학교 수업을 잘 듣게 하고, 학교 시험 기간엔 학교 시험을 대비하게 했다. 평소 학교 커리큘럼과 함께 가는 것과 '난 나만의 길을 갈거야' 하고 전혀 다른 공부를 하는 것은 천지 차이다. 그렇게 학교 수업을 들을 수 있게 된 현민이는 이듬해 수능에서 원하는 수학 성적을 거머쥐게 되었다. 정시를 준비한다 하더라도 학교 수업 시간에는 반드시 충실해야 한다. 고등학교 3년이라는(재수로 1, 2년을 더 한다 하더라도) 주어진 시간 내에 원하는 결과를 얻기 위해서는 시간과 노력의 효율적인 투자가 이루어져야 한다.

수학을 효율적으로 공부하는 방법

고등학교 기준으로 2, 3등급까지는 웬만큼 노력하면 그만큼 성적이 오른다. 초등학교, 중학교 내신시험은 거의 노력에 비례해서 만점까지 성적이 나온다. 하지만 여전히 많은 학생들은 노력을 많이 해도 공부한 만큼 성적이 나오지 않는다. 이런 경우는 대부분 공부법에 문제가 있다. 개념이 설명된 부분을 소홀히 한 채 공식만 암기하고 넘어간다든지, 아니면 배운 내용의 반복 학습을 잘 안 한다. 인강을 주야장천 듣기만 하고 공부했다고 생각을 하는 경우도 있다. 수업을 들은 것과 직접 문제를 푸는 일은 완전 다른 행위다. 스스로 생각했을 때 '내가 지금처럼 공부를 계속해도 성적이 오르지 않을 것 같다'라는 느낌이 든다면 공부법이 잘못됐을 확률이 매우 높다. 요즘 입시는 노력만 무작정 많이 한다고 해서 좋은 결과를 기대하기 어렵다. 효율에 대한 고민 없이 공부만 하다 보면 노력을 정말 많이 하더라도 안타까운 결과가 나오기 쉽다. 그렇다면 수학을 효율적으로 공부하기 위해서는 어떻게 해야 할까?

우선 수학 '개념 공부'를 완벽하게 하고 넘어가야 한다. 여기에서 '개념 공부'란, 수학 공식을 말하는 것이 아니다. 공식이 나오기 전, 공식이 어떻게 해서 나오게 되는지를 설명해주는 부분이 개념이다. 많은 수학 강사들이 '개념' 공부를 열심히 하라고 이야기한다. 이때의 개념이란, 기본서에서 공식이 출현하기 바로 직전까지를 말한다. 개념 공부가 중요하다는 말은 공식을 달달 외우라는 뜻이 아니라는 것이다. 공식은 단지 빠르고 편리하게 활용하기 위해 존재할 뿐이다. 공식의 유도 과정을 백지에 풀어낼 수 있을 정도로 개념 공부를 깊게 한다면, 그 단원에서 소개된 공식은 이미 머릿속에 반강제로 외워지게 된다. 완벽하게 이해했기 때문이다.

그다음으로는 내신 수준의 문제집을 마스터해야 한다. 고난도 문제 풀이를 욕심내기 전에 반드시 내신 수준의 문제집을 마스터했는지 확인하자. 한 권이면 충분하다.《쎈 수학》과 같은 내신 유형 문제집은 전체적으로는 두 번 반복하고, 틀린 문제는 네 번 정도는 반복해야 한다. 그러면 웬만한 유형 문제는 바로바로 풀 수 있는 능력을 갖추게 된다. 빠르게 풀어도 97% 이상의 정답률이 나와야 한다. 이 정도 수준이 되었을 때, 비로소 문제집을 '마스터'했다고 볼 수 있다.

내신 수준 문제집을 마스터하면 '실수'라고 불리는 못난 실력을 상당 부분 제거할 수 있다. 또한, 실제 시험에서 고난도 문제를 푸는 데 고민할 시간을 충분히 확보할 수 있다. 고난도 문제를 제외한 나머지 문제를 빠르게 해결하면 실제 시험에서 10분 이상을 추가로 확보할 수 있다. 사실 시험에서 고난도 문제라고 하더라도 학생들이 충분한 시간을 가지고 고민하면 풀리는 문제가 대다수다. 그렇기에 고난도 문제 풀이에 강해지려면 역설적으로 내신 수준 문제를 마스터하는 것이 우선이다.

초등학교, 중학교 수학 시험은 문제가 심하게 어렵지 않다. 기출 문제와 시중의 내신 유형 문제집을 펼쳐놓고 비교해보면 대부분 숫자만 바뀌거나 형태만 간단하게 바뀐 문제들이다. 문제를 출제하는 학교 선생님들은 시험 문제 출제 말고도 해야 할 행정 업무가 상당히 많다. 당연히 '신유형'의 문제를 출제할 시간도 부족하고, 모든 문제를 새로운 유형으로 출제해야 하는 이유도 없다. 변별력을 갖기 위해 몇 문제만 어려운 문제와 신유형 문제를 출제하는 것으로도 충분히 시험의 목적을 달성할 수 있다. 그래서 초등학교, 중학교 내신 시험은 대부분 어렵지 않은 문제들로 구성된다. 따라서 별도의 고난도 대비 사고력 훈련보다는 기본 개념을 잘 잡고 유형 학습을 꼼꼼히 하는 것을 추천한다. 교과서와 내신 수준 문제집을 마스터하는 것만으로도 충분히 학교 시험을 공략할 수 있다.

수능을 준비하는 고등학생들은 반드시 수능, 평가원 기출 문제를 여러 번 반복해야 한다. 근래에는 고등학교 내신 시험도 수능 문제와 같이 사고력을 요구하는 문제가 많이 출제되고 있다. 예전처럼 공식 외우면 바로 답 나오는 문제는 많이 출제되지 않고 있다. 내신 시험도 1, 2등급을 결정하는 문제로 수능형 문제가 상당히 많이 출제되고 있다. 따라서 수능, 평가원 기출 문제를 풀어보는 것은 비단 수능 대비를 위해서가 아니라, 내신을 대비하기 위해서도 꼭 필요하다.

수학은 대한민국 입시에서 학생들이 가장 고생하는 과목이다. 다른 과목에 비해 시간 투자를 많이 하지만, 그만큼 점수를 올리기도 쉽지 않다. 실제 수학은 입시에서 수험생의 당락을 결정짓는 과목이기도 하다. 하지만 분명한 사실은 올바른 공부법으로 시간과 노력을 효율적으로 투자한다면 수학 성적만큼은 확실하게 올릴 수 있다는 것이다. 문제집을 많이 풀려고 하지 말자. 문제집 한 권을 풀더라도 여러 번 반복해서 내 것으로 만들어야 한다. 성적은 절대적인 시간에 비례하지 않는다는 것을 명심하자.

6

수학을 잘하는 학생들의 공통적인 습관

예습, 수업, 복습의 3박자

과외를 처음 시작한 후 4년간은 3등급 이하의 중·하위권 학생들 위주로 수업을 진행했었다. 의도적으로 상위권을 배제한 건 아니었다. 사실 2등급 커트라인이 상위 11%이니까 나머지인 89%의 학생들을 만날 확률이 더 높은 것은 당연했다. 그래서 과외 초기 5년은 중·하위권 학생들을 상위권으로 올려놓는 일을 주로 하게 되었다. 하다 보니 생각보다 적성에 잘 맞았다. 그리고 성적을 올리는 방법을 터득하니 적은 힘을 쓰고도 큰 결실을 보는 일이 많아졌다.

나는 아이들에게 동기부여를 시켜주고, 올바른 공부법을 체화시켰다. 쉬운 설명을 토대로 막연하게 학생들이 갖고 있던 '수학은 어려워'라는 생각을 전부 깨부숴줬다. 적당한 양(학생 입장에서는 많을 수도 있지만)의 숙제를 내주고 숙제 검사를 목숨 걸고 했다. 숙제를 안 해오면 남겨서 숙제를 하게 했다. 어떻게 해서든 숙제를 하게 만들고 틀린 문제를 다시는 틀리지 않도록 연습시켰다. 그러자 시간이 지남에 따라 나에게 수업을 받은 학생들 대부분이 1등급을 받게 되었다. 나는 강남·서초에서 1등급이 아닌 학생을 1등급으로 만드는 선생으로 입소문이 나기 시작했다. 그러자 어려서부터 공부를 잘하는 이른바 수학 영재급 학생들도 많이 만나게 되었다.

수학 최상위권 학생들과는 주로 그룹 과외를 통해 만나게 되었다. 처음부터 그룹으로 시작한 건 아니었다. 먼저 A 학교에서 전교 10등 정도 수준의 학생 한 명을 맡았었다. 두 달 수업 후, 이 학생이 수학 만점을 받아오자 학생의 친구들과 옆 학교인 B 학교의 전교 1, 2등 하는 친구들도 함께 수업받기를 원했다. 서로 학교는 달랐지만, 같은 지역에 오래 살아서 그런지 이래저래 연줄이 닿았던 모양이다. 학생들끼리 아는 경우도 있었고, 부모님끼리 아는 경우도 있었다. 내 수업은 자연스럽게 여러 명을 모아서 수업하는 최상위권 그룹 과외가 되었다.

수업을 시작하기 전에는 최상위권 학생들과의 수업이 부담스러울 줄 알았다. 이 학생들은 워낙 기본기가 좋고, 그전에도 우수한 성적을 받아왔다. 그래서 내가 아무리 잘 가르쳐도 성적을 유지하면 다행이고(1등은 더 이상 올라갈 곳이 없지 않은가?), 아는 것이 많아서 기본적인 내용 설명을 할 때 심드렁해하면 어쩌나 하는 생각도 했었다. 이런 내 걱정은 실제로 수업을 해보니 완벽한 착각이었음을 깨달았다.

최상위권 학생들은 수업 집중력이 굉장히 좋았고 실력 면에서 대단히 겸손했다. 아는 내용이라고 흘려듣지 않았고 오히려 복습하는 절호의 기회로 여겼다. 웬만한 문제들을 척척 풀어내는 친구들이었지만, 절대 자만하지 않았다. 비단 이 학생들만 그런 건 아니었다. 지난 10년간 내가 지켜본 최상위권 학생들은 공통적인 습관이 있었다.

예습, 수업, 복습의 3박자가 중요하다는 말은 많이 들어봤을 것이다. 학생들이 많이 물어보는 질문 중 하나가 바로 '예습은 어떻게 하나요?'이다. 그냥 눈으로 훑어보면 되는 건지, 아직 배우지 않은 내용을 이해하려고 머리를 싸매는 노력 정도를 해야 하는 건지(물론 이런 학생은 없지만) 헷갈릴 수 있다. 많은 학생들이 '예습'을 그날 배울 모든 내용을 미리 공부하는 것이라고 착각한다. 내일 배울 내용을 미리 혼자 공부하고, 완벽히 이해해서 수업에 들어가기란 너무 큰 부담이다.

예습은 그날 배울 내용 중 중요해 보이는 몇 가지만 확인하면 된다. 수업을 듣기 전 5~10분이면 예습으로 충분하다. 수업을 듣기 전에 '이 단원의 목표는 이런 거구나', '이렇게 생긴 기호가 처음 소개되네', '수렴, 발산이라는 용어가 나오네' 하고 머릿속에 잠시 담아만 두면 그걸로 끝이다. 시간 투자를 많이 할 필요도 없다. 간단하게 실제 수업에서 어떤 내용이 나올지만 미리 눈으로 담아두는 것만으로도 수업 능률을 상당히 끌어올릴 수 있다.

최상위권 학생들은 이렇게 간단하게 예습하는 습관이 몸에 배어 있다. 이 친구들은 예습하면서 단원목표를 확인한다. 단원목표는 이 단원을 배우는 '목표'다. 교과서를 보면서 흔히 패스했던 이 단원목표가 사실 이 단원의 절대적인 핵심이다.

예습할 때는 그날 공부할 부분을 빠르게 훑어보고 이해가 어려운 부분 위주로 별도 표시를 해두자. 그러면 수업 시간에 설사 졸더라도 앞에서 '내가 표시해둔 그 내용'이 나오면 졸다가도 눈이 번쩍 뜨인다. 표시해둔 부분만큼은 절대 흘려듣지 않겠다고 다짐해보자. 그러면 수업 집중도를 한층 더 높일 수 있다. 이것이 예습의 힘이다.

'왜?'라는 질문이 끝나게 됐을 때

수학을 잘하는 학생들의 대표적인 습관은 '왜?'라는 물음을 달고 다닌다는 것이다. '수열' 단원을 처음 배운다고 가정해보자. 그러면 이 학생들은 '왜 이름이 수열이지?', '수열의 한자 뜻은 뭐지?'와 같이 그냥 넘어갈 법한 단어의 뜻까지 궁금해하고 답을 찾는다. 알 듯 말 듯 한 것을 그냥 넘어가는 법은 없다. '왜?'라는 질문을 하기 시작하면 책에서는 찾기 힘든 것들도 있다. 그러면 참고서를 찾아보기도 하고, 선생님에게 질문해서 답을 얻기도 한다. '왜?'라는 질문에 질문을 거듭하면 '수를 나열한다는 의미로 줄여서 수열이라고 하는구나'라는 결론에 도달하게 된다. 더 이상 '왜?'라는 질문이 나오지 않을 때까지 계속해서 묻고 또 답을 찾아간다. 이렇게 해서 '왜?'라는 질문이 끝나게 됐을 때 비로소 완벽한 이해를 한 것이 된다.

수학을 잘하는 학생들의 평소 공부하는 모습을 살펴보면 의외로 산만하다. 우리가 흔히 상상하는 흔들림 없는 우직한 뒷모습과는 좀 다르다. '왜?'라는 질문에 대한 답을 찾기 위해 여러 문제집과 참고서를 이리저리 뒤진다. 그래도 안 되면 친구에게 물어보거나 선생님에게 물어본다.

또 하나 산만해 보이는 이유는 가령 3단원을 공부한다고 해서 3단원만 보지 않는다. 앞에서 배운 내용 중에 연결되는 것이 있는 것 같으면 주저하지 않고 앞으로 넘어가서 1, 2단원도 참고한다. 다른 교재에서 유사한 내용이 있었던 것 같으면 다른 교재를 뒤적이며 궁금증을 해소한다. 다른 단원과 비교하고 연결해가면서 개념이나 문제를 공부하는 방식이다. 떠오르는 것이 있으면 그 즉시 책을 앞뒤로 넘기며 다른 단원과 비교해보고 연결시켜봐야 한다. 고난도 심화 문제는 어느 한 단원을 대상으로 출제되지 않는다. 여러 단원의 개념을 통합해서 출제된다. 따라서 여러 단원의 내용을 비교하고 연결하며 공부하는 습관은 이른바 '단원 통합형 문제'에 강해질 수 있다.

최상위권 학생들은 사교육 없이 교과서만 공부할까? 주위의 전교권 학생들 중 학원이나 인터넷 강의를 이용 안 하는 학생은 찾아보기 힘들다. 특히 인터넷 강의는 언제 어디서든 최고 수준의 강의를 들을 수 있다는 큰 장점이 있다. 그래서 최상위권 학생들도 가능하면 인터넷 강의나 학원 수업을 더 듣고 싶어 한다. 하지만 실제로 이들은 학원이나 인강에 시간 투자를 많이 하지는 않았다. 이유는 바로 '자습 시간'을 확보해야 했기 때문이다.

수학을 잘하는 학생들은 자습이 성적 향상에 직결된다는 사실을 알고 있었다. 이들은 학기 중을 기준으로 평균 3시간 이상의 자습 시간을 확보했다. 일반 학생들은 학원을 먼저 선택한 후 남는 시간에 자습한다. 반면에 최상위권 학생들은 3시간 이상의 혼자서 공부하는 시간을 확보해둔 후에 학원이나 인강을 선택했다. 그들은 이미 혼자서 공부하는 시간이 가장 중요하다는 공부법의 본질을 알고 있었다. 그리고 이 본질을 제대로 실천하고 있었다.

수학을 잘하는 학생들의 공통적인 습관 = 예습, 왜?, 자습

수학을 잘하는 학생들은 공통적으로 수업 전 간단한 예습을 했다. 중요해 보이는 몇 가지를 확인하고 모르는 부분은 별도로 표시했다. 그래서 수업의 집중도를 극대화했다. 또한 '왜?'라는 질문을 통해 개념을 파고 또 팠으며, 궁금증이 사라질 때까지 '왜?'를 계속해서 외쳤다. '공부했는데 내가 제대로 공부를 다 완료한 것인지 잘 모르겠다'고 하는 친구들은 '왜?'라는 질문이 더 이상 나오지 않을 때까지 연쇄적으로 질문을 던지면 된다.

수업의 비중은 될 수 있으면 줄이고, 자습의 비중을 늘려보자. 학기 중을 기준으로 적어도 하루에 3시간 이상의 자습 시간을 확보하자. 공부 방법이 잘못되면 아무리 노력해도 성적은 오르지 않는다.

7

자기주도 학습법과 메타인지 공부법

자기주도 학습법

“옆집 진우는 자기주도 학습법으로 공부해서 성적이 엄청 올랐다는데?”
“요즘은 메타인지 공부법으로 공부 안 하면 학교 수업을 따라갈 수가 없다는데?”

공부법을 소개하는 개인 방송이나 교육 관련 콘텐츠를 보면 자주 등장하는 단골 학습 방법이 있다. 하나는 ‘자기주도 학습법’이고 다른 하나는 ‘메타인지 공부법’이다. 유행하는 여러 공부법에 휘둘릴 필요 없다. 하지만 이런 공부법의 특징을 살펴보고, 각각의 장점을 받아들이는 자세는 필요하다. 이들 공부법이 무엇인지 정확히 알고 나면, 주위에서 하는 이런저런 이야기에 흔들리지 않게 된다. 자기 자신에게 어떻게 적용하면 좋을지를 고민하고 실천하면 그만이다. 그럼 하나씩 그 실체를 알아보도록 하자.

먼저 '자기주도 학습'이란, 학생 스스로가 자발적으로 학습의 목표와 계획을 세워 학습을 시행하고 평가까지 하는 학습의 형태를 말한다. 요즘 학생들에게 많이 부족한 것이 바로 이 '자기주도' 능력이다. 이 능력이 부족하게 된 가장 큰 이유는 아이들이 어렸을 때부터 '종합반' 학원에 다니기 때문이다. 꼭 종합반 학원에 다니지 않더라도 국어, 영어, 수학 학원을 항상 다닌다면 '셀프 종합반'이라고 볼 수 있다. 이것을 '자기주도 학습'의 반대의 의미로 이른바 '학원주도 학습'이라 부르겠다.

많은 학생들이 초등학교 때부터 '종합반' 학원에 다니기 시작한다. 종합반 학원은 학교에서 배울 주요 교과목의 모든 내용을 다룬다. 우선 학기가 시작하기 전에 '선행 학습'을 시킨다. 1학기 동안 배울 내용을 1~2개월 동안 쭉 훑고 나간다. 본 학기에서 약 4~5개월 동안 배울 내용을 1~2개월 만에 끝마친다. 다른 말로 '진도를 나간다'고 표현할 수 있다. 처음 보는 내용을 빠르게 배운 만큼 머릿속에 많이 남는 것은 없다. 하지만 학생은 안심한다. 왜냐면 본 학기의 학교 수업에서 다시 배우기 때문이다.

본 학기에서 학교 수업을 잘 듣고 복습을 통해서 자기 것으로 만드는 것이 가장 이상적이다. 그런데 종합반 학원에 다니면 학교 수업만큼 학원의 수업이 많기 때문에(국어, 영어, 수학, 사회, 과학 등) 학원에서 수업을 듣는 시간이 많다. 그만큼 학교에서 배운 내용을 혼자서 복습하고 자기 것으로 만들 시간이 부족하게 된다. 어떤 날은 학교 수업 후에 온종일 학원 수업만 듣다가 끝나는 날도 있다. 앞에서도 강조했지만, 수업을 '듣는' 것은 공부하는 것이 아니다. 게다가 학생 스스로 '계획'을 세울 필요가 없다. 학원이 알아서 모든 계획을 세워주기 때문이다. 그 계획이 자신에게 꼭 맞는지를 판단할 수도, 수정할 수도 없다.

'학원주도 학습'의 또 다른 문제점은 가장 중요한 학교 수업의 집중력을 낮출 수 있다는 데 있다. 학교 수업 시간에 내용을 놓치더라도 학원에서 개념 강의를 또 해주기 때문에 집중력이 낮아지기 쉽다. 결과적으로 종합반 학원에 다니는 학생은 선행 학습, 학교 수업, 방과 후 학원 수업까지 같은 내용을 최소 세 번 듣게 된다. 최소 세 번 공부하는 것이 아니라 그냥 세 번 듣는 것이다. 대단한 시간 낭비이자, 비효율적인 공부 방법이다.

'학원주도 학습'이 아닌 '자기주도 학습'은 학생이 주체가 되어 학습 과정을 스스로 이끌어나가는 활동을 의미한다. 학생 스스로 주도권을 가지고 학습 목표를 설정하고, 학습 계획을 세우며, 학습을 수행하고 학습 결과를 스스로 평가하는 일련의 과정을 말한다. 예를 들면, 본인이 스스로 판단했을 때 '내가 수학의 기초가 약하다'고 판단되면 수학 학원에 다니거나 인강을 듣는 것을 스스로 결정한다. 또는 '이번 방학은 기간이 6주니까 확률과 통계는 기본서로 선행 학습을 하고, 수학1은 기존에 풀었던 내신 유형 문제집에서 틀린 문제만 다시 풀어야겠다'와 같은 구체적인 학습 계획을 스스로 세우는 것이다.

자기주도 학습 : 스스로 계획 → 실행 → 평가 → 점검

'자기주도 학습'은 학원, 인강, 문제집 등이 필요한지를 본인 스스로 되물어 판단하는 것이 핵심이다. 본인 스스로 세운 계획을 실천하기 위해 노력하고, 학습 결과를 스스로 평가해보자. 이렇게 학생 스스로가 능동적으로 시간을 배분해서 공부를 해나가면 시간 관리 능력과 계획 수립 능력을 몸소 익힐 수 있다. 또한, 학원이나 인강 수업을 듣는 시간을 줄이고 자습 시간을 늘려 효과적인 공부를 할 수 있게 된다.

자기주도 학습이라고 해서 학원에 다니지 말라는 뜻은 아니다. 스스로 부족한 점을 정확히 짚어내고 이를 보완하고 개선하는 공부 계획을 학생 개인에 맞게 수립했을 때 진짜 자기주도 학습이 빛을 발하게 될 것이다. 다만 학생 혼자서 부족한 부분을 판단하는 것과 합리적인 계획을 세우는 일은 다소 어려울 수 있다. 이 부분은 전문가나 부모님의 도움을 받는다면 좀 더 수월할 수 있다.

메타인지 공부법

메타인지(Metacognition)란, 자신이 아는 것과 모르는 것을 자각하는 능력과 자신의 행동이 어떤 결과를 불러올지에 대해서 아는 능력을 말한다. 메타인지는 할 수 있는 것과 할 수 없는 것을 아는 것, 필요한 것과 필요 없는 것을 구분하는 것, 아는 것과 모르는 것을 구분하는 것이라고 정의할 수 있다.

보통의 학생은 자신이 어떤 것을 잘 알고 어떤 것을 잘 모르는지 정확히 모른다. '수열의 극한'을 다루는 단원을 공부한다고 가정해보자. 일반 학생은 이 단원을 배울 때, 자신이 수열을 모르는지, 극한을 모르는지, 수열도 알고 극한이라는 개념도 알고 있지만, 이 둘을 조합했을 때 설명하기 어려운지 모른다. 뭘 모르는지 모른다는 말이다.

반면 최상위권 학생들은 공부할 때 자기가 어떤 것을 알고 어떤 것을 모르는지 정확히 알고 있다. 메타인지가 좋은 학생은 아는 것과 모르는 것을 정확히 구분해서 모르는 것을 알아내기 위해 노력한다. 모르는 것만 골라 공부하면 결국 모든 부분을 알게 된다. 공부 효율이 굉장히 높을 수밖에 없다. 내가 정확히 아는 건지 모르는 건지 헷갈린다면 남에게 설명할 수 있는지를 판단해보자. 설명이 유창할 필요는 없다. 남에게 설명이 가능한 수준이 아니라면, 정확히 이해를 못했다고 보면 된다.

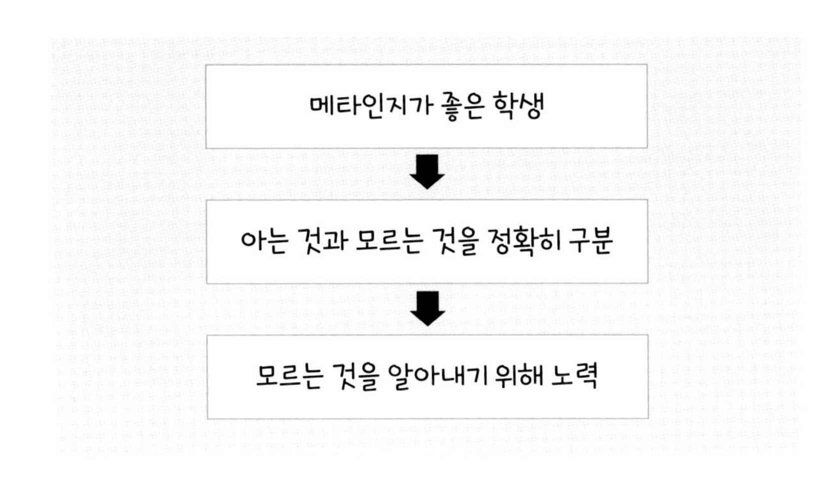

성공적인 학습을 위해서는 메타인지 공부법의 핵심인 '자신의 학습 방법을 스스로 모니터링하는 과정'이 제대로 이루어져야 한다. 내가 공부하는 방법이 옳은 방법인지를 스스로 평가할 수 있어야 한다.

'수열의 극한' 단원을 공부하는 학생이 스스로 되묻는다고 생각해보자. '나는 학교 수업과 기본서 복습을 통해서 개념 공부를 끝마쳤어. 백지에 개념을 설명할 수준도 되었어. 이제 내신 유형 문제집을 반복해서 풀고 내 것으로 만들면, 나는 내신 시험에서 최고난도 문제를 제외하고 다 맞힐 것 같아. 최고난도 문제는 유형 문제집을 마스터한 후에 연습하면 되겠다.'

이런 식으로 자신의 학습 방법을 스스로 모니터링할 줄 아는 것이 메타인지 능력이 뛰어나다고 할 수 있다. 만약 자신의 학습 방법이 잘못된 것 같다는 생각이 들면 공부 방향을 수정할 수도 있어야 한다. 내가 무엇을 확실히 알고 무엇을 확실히 모르는지 구분이 어렵다면 메타인지 능력이 부족한 것이다. 이는 자기주도 학습 능력에도 악영향을 끼친다.

'자기주도 학습법'과 '메타인지 공부법'은 내가 세운 계획을 바탕으로 내가 배운 것을 얼마나 잘 이해했는지 정확하게 파악하는 것이 핵심이다. 결국, 공부법이나 공부 원칙이 머릿속에 확실하게 잡혀 있다는 것과 같은 말이다.

자기주도적으로 과목별로 부족한 부분을 찾아내서 보완하고, 실현 가능한 계획을 세워보자. 한 주간의 학습량을 고려해서 주간 계획과 일간 계획을 세분화하는 것이 좋다. 과목별 학습 계획과 공부 시간도 구체적으로 정해보자. 계획에 맞춰 공부를 수행한 후 주말에는 계획을 제대로 실천했는지 점검이 필요하다. 미진한 부분은 보완하고 계획을 수정한다. 학습한 내용 중 정확히 아는 부분과 모르는 부분을 구분해보자. 그리고 모르는 부분을 집중적으로 추가 학습해서 완전히 자기 것으로 만들도록 하자. 이렇게 계획, 실행, 평가, 점검, 수정이 이뤄진다면 진정한 자기주도적인 공부가 가능할 것이다. 좋은 성적이 뒤따르는 것은 두말할 필요도 없다.

8

공부의 목표는 항상 100점이어야 한다

내가 공부를 못하는 고등학교에 지원한 세 가지 이유

'고교 평준화'라는 말을 들어본 적이 있는가? 입시에 관심이 없는 사람이라도 한 번쯤은 들어봤음 직한 단어다. 고교 평준화란, 지역별로 전체 학생을 추첨을 통해 해당 지역에 있는 일반계 고등학교에 학생들을 나누어 배정하는 교육제도를 말한다. 반대의 개념으로는 학교별로 시험을 치러 학생을 뽑는 '고교 선발제'가 있다. 내가 고등학생 시절을 보낸 인천도 고교 평준화 제도가 적용된 지역이었다. 한마디로 고등학교에 갈 때 시험을 보지 않고 추첨으로 가는 것이다. 속칭 '뺑뺑이'라고도 부른다.

나는 당시 내가 살던 집에서 걸어갈 수 있는 거리의 고등학교를 지원했다. 이 학교는 1지망으로 지원하면 무조건 합격한다고 했다. 왜냐하면, 학교 정원보다 1지망 지원자가 적었기 때문이다.

왜 그랬을까? 최근 몇 년간 학생들이(나의 선배들이) 공부를 못했기 때문이다. 그래서 주변 지역에서는 공부를 잘하는 학생이 적은 학교라고 소문이 났다. 고입은 평준화였지만 이 학교에 가고자 하는 학생의 수가 꽤 적었던 것 같다. 그래서 심지어는 실업계 고등학교를 떨어진 학생이 합격하는 경우도 있었다. 중학교 내신 상위 100%를 기록한(전교 꼴찌라는 말이다) 전설적인 친구가 옆 반에 있었다.

보통 사람들은 이런 학교에 1지망을 하진 않는다. 하지만 나는 몇 가지 이유로 이 학교에 1지망으로 지원했다. 첫 번째 이유는 집에서 학교까지 거리가 가까워서였다.

나는 초등학교 졸업 후 중학교를 선택할 때, 우리 집 창문에서 학교 운동장이 보이는 '남중'(남녀공학이 아닌 남자 중학교)을 뒤로하고 버스로 약 30분이 걸리는 남녀공학 중학교에 다녔다. 부모님과 1, 2, 3지망 중학교를 고민했을 때는 집에서 가까운 '남중'을 가겠다고 했었다. 그런데 막상 다음 날이 되니 너무나도 남녀공학 중학교에 가고 싶었다. 남자만 교실에 있는 모습은 아무리 생각해도 별로였다. 그래서 지원서의 1, 2, 3지망을 집에서 멀리 있는 남녀공학 중학교로 변경했다.

당시 1지망인 중학교는 인기가 높은 중학교였다. 나는 운 좋게 추첨에서 선발되어 그 남녀공학 중학교에 입학하게 된다. 내가 다닌 초등학교에서 아홉 명이(심지어 그중 한 명은 전학을 갔다) 해당 중학교에 입학했다. 다른 초등학교에서는 수십 명이 같은 중학교에 진학하는 걸 생각하면 아주 적은 수였다. 초등학교는 걸어서 다니다가 중학교에 버스를 타고 등하교를 하게 되자 상당히 불편했다. 정류장까지 걸어가고, 버스를 기다리고, 버스 타고 가는 시간에 내려서 걷는 시간까지 합하면 40~50분 정도가 걸렸다.

이후 고등학교를 선택할 때는 무조건 집에서 가까운 학교를 골랐다. 등하교하면서 길에 버리는 시간을 최소화하고자 했다. 버스를 타고 이동하는 시간 대신 책상에서 공부할 수 있는 시간을 얻었다. 영어 단어 몇 개를 더 외울 수 있는 시간이자 수학 문제 몇 개를 더 풀 수 있는 귀중한 시간을 얻은 것이다.

내가 공부를 못하기로 소문난 학교에 지원한 두 번째 이유는 이성에 대한 관심을 끊기 위해서였다. 남녀공학 중학교에서 여자 아이들과 함께 하는 생활은 꽤 즐거웠지만, '공부'에 전념하기에 좋은 환경은 아니었다. 남녀공학을 다니다 보면 자연스럽게 이성에 눈길이 가게 된다. 누군가를 자꾸 보고 싶고, 이야기하고 싶고, 친해지고 싶다. 고백하고 싶고 그 아이의 마음을 얻고 싶고…. 그러다 사귀게 되면 '얘는 왜 카톡 답장이 왜 이리 느린지, 아까 마주쳤을 때 왜 반가워하지 않았는지, 왜 옆 반의 다른 남자랑 방긋 웃으며 얘기했는지…' 신경 쓰이는 게 한둘이 아니다. 공부로는 딱 망하기 좋은 시나리오다.

나는 중학교 때 '방송반' 동아리 활동을 했다. 방송반은 아나운서와 엔지니어로 구성되었다. 아나운서의 주된 임무는 점심시간 때 라디오 DJ처럼 노래를 들려주고 방송을 진행하는 일이었다.

방송 일정은 월요일은 영화음악, 화요일은 국악, 수요일은 팝송, 목요일은 클래식, 금요일은 가요방송으로 구성되어 있었다. 나는 그중에서 가장 인기가 높은 '금요일 가요방송'의 아나운서를 맡았다. 아나운서로서의 실력이 뛰어나진 않았다. 절대적인 안티와 팬이 공존했다.

내 목소리가 누군가에게는 상당히 느끼해서 점심시간에 내 목소리를 듣는 것이 싫다는 아이들이 있었다. 반면 나를 좋아해주는 아이들은 나에게 이런저런 표현을 많이 해줬다. 편지도 많이 받고, 빼빼로데이나 밸런타인데이 같은 날에는 선물도 많이 받았다. 그런 관심과 표현은 정말 고마웠다. 하지만 공부에만 집중하기는 어려운 환경이었다. 그래서 나는 '남고'를 가기로 결심했다. 고등학교 3년간은 이성에 관심을 끊고 오로지 공부에만 집중하기로 마음먹은 것이다. 결과적으로 이성에 관심을 끊은 것은 공부에 집중하는 데 많은 도움이 되었다.

내가 공부를 못하는 학교에 지원한 세 번째 이유는 내신 성적을 잘 받기 위해서였다. 내 친구의 형이 그 고등학교에 다니고 있었다. 친구가 전해 들은 바에 의하면, 이 학교는 상위 10%의 학생들을 별도로 관리하는 '특별반'이 있어서 전반적으로는 공부를 못하지만, 상위권 아이들을 특별 관리해준다고 했다. 중3 겨울방학 때부터 열심히 준비하면 상위 10%에 들어갈 수 있을 것 같았다. 다른 학교보다 내신 받기 수월하고, 상위권 학생들을 별도관리 한다면, 이 학교에 진학하는 게 나에게 유리하다고 판단했다.

나는 내신을 잘 받기 위해 집 근처에 위치하고, 공부를 잘하는 학생이 적다고 소문난 학교를 선택하게 된다.

실제로 나는 고등학교에서 비교적 내신을 잘 받았다. 내신을 받기 비교적 수월하지만, 치명적인 단점 또한 존재했다. 바로 '공부하는 분위기'가 잡혀 있지 않은 것이다. 우리 학교에는 공부에 크게 관심이 없는 친구들이 꽤 많았다. 체육교육과를 준비하거나 실용음악과를 준비하는 친구도 있었다. 공부에 몰방하지 않는 학생들은 야간자율학습(자율은 아니었지만) 시간에 만화책을 보거나 판타지 소설을 읽었다. 그것도 혼자 보지 않고 돌려서 봤다. 나도 몇 번 본적이 있는데, 만화책은 참 재미있었다. 공부를 대신해서 하는 활동은 사실 뭘 해도 재미있다. 평소엔 관심도 없는 〈100분 토론〉을 봐도 재미있고 인문학책을 봐도 재미있다. 공부가 아니기 때문이다.

앞서 내가 졸업한 고등학교를 공부 못하는 고등학교라고 소개했다. 이는 평균 성적이 낮다는 것이지 전체 학생들이 다 공부를 못하는 것은 아니었다. 어딜 가든 절대 강자들은 존재하는 법. 내신을 잘 받기 위해 평균적으로 성적이 낮은 학교를 골랐지만, 그렇다고 해서 공부를 설렁설렁해도 된다는 뜻은 절대 아니다.

성적은 목표에 따라 수준이 결정된다

내신 성적을 잘 받기 쉽지만 공부 분위기가 안 좋은 학교와, 내신 성적을 잘 받기 힘들지만 공부 분위기가 좋은 학교 중 어디를 선택할 것인가? 정답은 없다. 어딜 선택해서 간다는 것 자체가 사실 무의미하다. 입시는 확률게임이다. 되도록 확률을 높여야 한다. 정시와 수시를 둘 다 충분하게 준비하는 게 당연히 확률을 높이는 것이고, 입시에서 합리적인 선택이다.

내신 받기 쉬운 학교는 수능 대비와 비교과가 부족한 경향이 있고, 내신 받기 어려운 학교는 수능 대비와 비교과가 강한 경향이 있다. 하지만 고등학교에 다니면서 어차피 둘 다 챙겨야 한다. 그러니 어딜 선택하든 똑같다. 어느 하나를 포기하는 바보 같은 짓은 하지 말자. 내신을 포기하고 수능에 몰방하거나, 수능을 포기하고 내신에 몰방하는 어리석은 짓을 하지 말자. 확률을 줄이는 위험한 게임을 하지 말자는 것이다.

결국, 어떤 학교를 선택하든 내가 잘해야 한다. 내가 간 학교의 유불리는 똑같다고 받아들이는 것이 정신 건강에 좋다. 결국 '나' 하기 나름이다. 이미 입학했다면 유불리를 따지지 말자. 뒤돌아보지 말고 앞만 보고 가자. 공부를 잘하는 학교에 가든, 아닌 학교에 가든 본인의 역량을 극대화시켜서 최선을 다하는 것만이 살길이다.

학생들에게 어떤 대학이 목표라고 물어보면 우물쭈물하는 학생이 많다. 그저 '열심히 공부하면 좋은 결과가 있겠지'라고 생각하는 학생이 대다수다. 지금까지 그런 막연한 목표를 가지고 있었다면 이제는 더 명확한 목표를 세워야 한다. 본인의 현재 성적이 어디이든 목표는 무조건 최상위 대학이어야 한다. 그리고 시험은 항상 100점을 목표로 공부해야 한다.

고등학교 시절, 서울대에 합격한 선배님이 모교를 방문해서 본인의 합격 이야기를 들려주는 시간이 있었다. 어떤 환경에서 어떻게 공부했는지 등 본인의 경험담을 풀어줬다. 그 선배님의 이야기 중에서 지금까지도 기억에 남아 있는 말이 있다. '만약 호랑이를 그리려고 하면 호랑이를 그리거나 그보다 작은 고양이를 그리게 된다. 만약 고양이를 그리려고 하면 고양이를 그리거나 그보다 작은 무언가를 그리다 말 것이다'라는 이야기였다.

쉽게 말하면, 100점을 목표로 공부한 학생은 100점 또는 그 이하의 점수를 받는다. 만약 처음부터 70점을 목표로 공부를 한다면 70점이나 그 이하의 점수가 나온다는 것이다. 목표가 70점이라면 70점에 맞게 힘을 빼고 공부하기 때문에 그 이상의 성적이 나오는 경우가 매우 드물다. 따라서 70점을 받고 싶다 하더라도 목표는 100점으로 해야 안정적으로 목표 점수를 받을 수 있다는 것이다.

중상위권 대학을 목표로 하더라도 일단 최종 목표를 최상위권 대학으로 잡자. 그래야 중상위권 대학도 가능하다. 그리고 다음 수학 시험의 목표를 100점으로 잡자. 100점을 받겠다는 마음가짐으로 공부 계획을 세워 하나씩 실천해보자. 성적은 목표에 따라 그 수준이 결정된다.

저절로 되는 수학 공부의 비밀

1

수학 개념의 연결고리를 파악하자

수학이라는 여행의 지도

살을 빼기 위해 다이어트를 해본 사람이라면 알 것이다. 먹고 싶은 욕구를 참는 것은 얼마나 어려운 일인지를. 다이어트는 오늘 하루 덜 먹는다고 해서 내일 바로 효과가 나타나지 않는다. 오늘 운동을 평소보다 두 배, 세 배 더 한다고 해서 다음 날 즉시 효과가 눈에 보이지 않는다. 적당량의 운동을 꾸준히 실천하는 것이 중요하다. 운동 효과를 그 즉시 체감할 수 없어서 '에이 하루쯤 먹는다고 뭐가 달라지겠어?' 하며 유혹에 넘어가기 쉽다.

또한, 효율적으로 살을 빼고 근육을 늘리기 위해서는 올바른 방법으로 운동하는 것이 중요하다. 그렇지 않으면 운동 효과를 제대로 보기 어렵고, 자칫 잘못하면 다칠 수도 있다. 특히 운동기구를 사용할 때는 전문가의 도움을 받아 올바른 자세로 운동해야 한다.

수학 공부는 운동과 참 많이 닮았다. 수학은 며칠 공부를 바짝 한다고 해서 그 즉시 성적 향상으로 이어지기 어렵다. 오늘 공부를 평소보다 두 배, 세 배 더 한다고 해서 그 효과가 즉시 눈에 보이지 않는다. 적당량의 공부를 꾸준히 하는 것이 중요하다.

공부 역시 운동과 마찬가지로, 효율적으로 개념을 정리하고 문제를 잘 풀기 위해서는 올바른 방법으로 공부하는 것이 중요하다. 수학 전 단원의 모든 공식을 외운다고, 문제를 많이 푼다고 해서 실력이 향상되지 않는다. 수학도 전문가의 도움을 받아 올바르고 효율적인 방법으로 공부를 해야 노력한 만큼 성과를 낼 수 있다.

10년 전, 같은 학과 친구 세 명과 함께 해외 탐방 공모전을 통해 영국 런던에 다녀온 적이 있다. 운이 좋게도 〈글로벌 프론티어(*Global Frontier*)〉라는 대학교 교내 프로그램의 지원을 받아 다녀올 수 있었다. 이 프로그램은 글로벌 인재 양성을 위한 교내 자체 과정이다. 우리 팀은 당시 뜨거운 감자였던 '4대강 살리기 사업의 방향성 검토'라는 주제로 영국 런던의 '템스 강'과 '세번 강'을 답사했다.

해외를 처음 나간 우리는 공항에서 숙소를 찾아가는 데 굉장히 애를 먹었다(영어를 잘 못하기도 했다). 당시엔 지금처럼 스마트폰이 발달하지 않았었다. 그래서 당연히 '구글 맵'과 같은 앱도 없었다. 공항에서 얻은 지도를 펼쳐놓고 이쪽이 맞는지, 저쪽이 맞는지 계속해서 고민했다. '숙소'라는 목적지가 분명했기 때문에 방향을 잘못 잡고 가다가도 금방 방향을 수정해서 걸어갔다. 결국, 그날 좀 많이 걷긴 했지만 무사히 숙소에 도착할 수 있었다.

만약 우리에게 지도가 없었다면 얼마나 힘들었을까? 상상조차 하기 힘들다. 언제 도착할 수 있는 건지, 얼마나 더 걸어야 하는지 모르기 때문이다. 내 위치를 모르면 몸이 금방 지치고 걸음이 무거워진다. 하지만 나의 현재 위치가 어디쯤이고, 목적지에 도달하기까지 어떤 경로를 통해 얼마만큼 남아 있는지 알고 있다면 지쳐 포기하는 일은 없지 않을까?

내가 학생들을 가르칠 때 제일 먼저 보여주는 것이 바로 '수학 계통도'다. 이 수학 계통도는 여행에서 꼭 필요한 지도와 같다. 수학 계통도를 보면 수학을 전체적으로 한눈에 볼 수 있게 된다. 수학 계통도란, 말 그대로 수학의 계통을 나타낸 그림이다. 이를 통해 매 학년, 학기, 단원에서 배우는 여러 수학 개념 간의 연계성과 개념의 흐름을 파악할 수 있다.

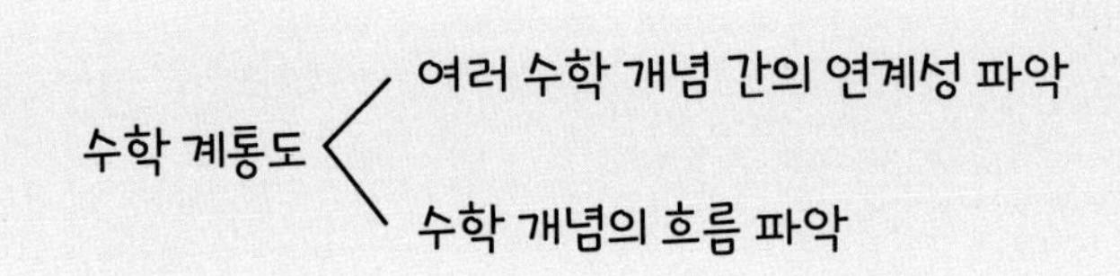

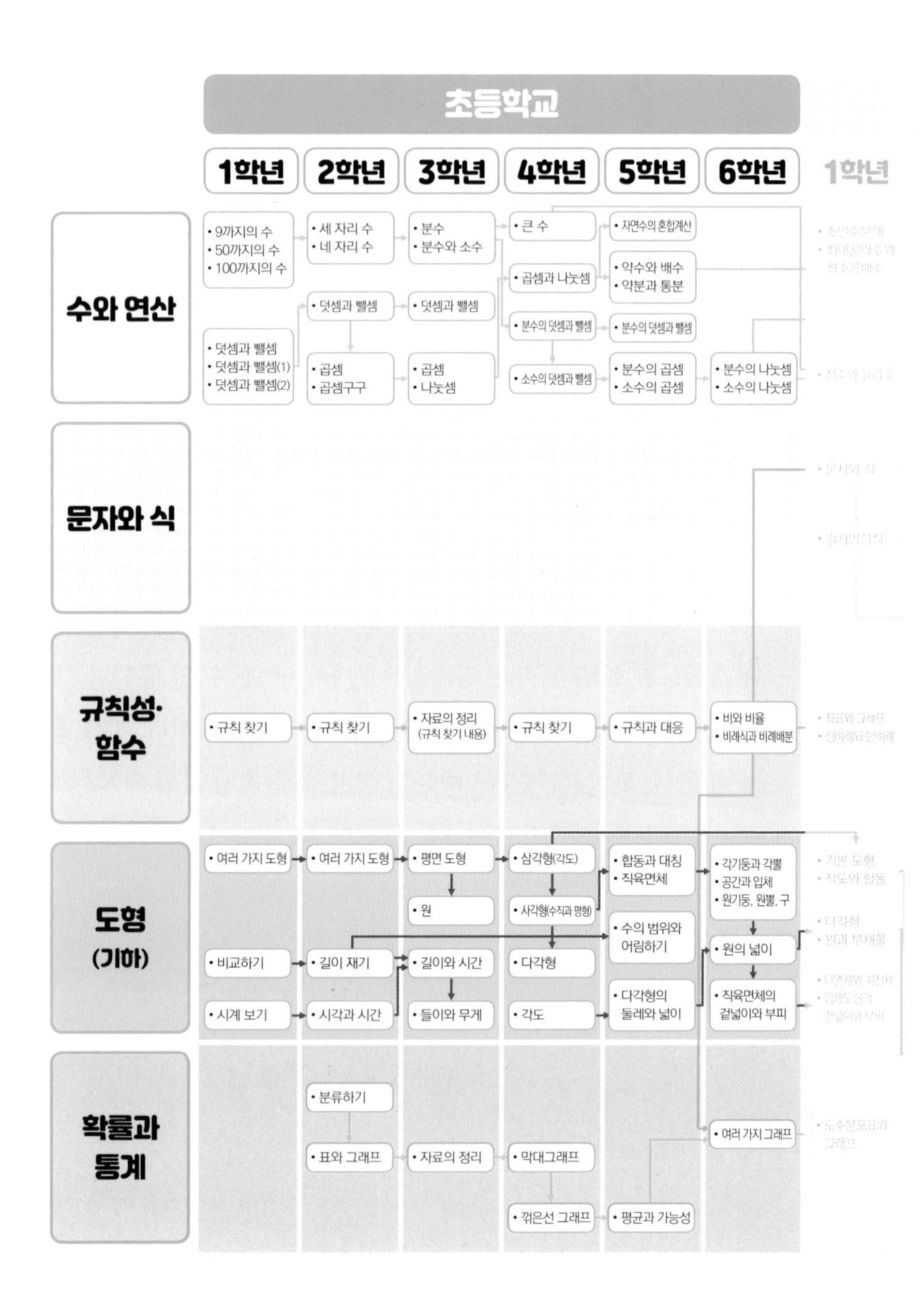
초등학교
1학년
2학년
3학년
4학년
5학년
6학년
1학년
수와 연산
• 9까지의 수
• 50까지의 수
• 100까지의 수
• 세 자리 수
• 네 자리 수
• 분수
• 분수와 소수
• 큰 수
• 자연수의 혼합계산
• 곱셈과 나눗셈
• 약수와 배수
• 약분과 통분
• 덧셈과 뺄셈
• 덧셈과 뺄셈
• 분수의 덧셈과 뺄셈
• 분수의 덧셈과 뺄셈
• 덧셈과 뺄셈
• 덧셈과 뺄셈(1)
• 덧셈과 뺄셈(2)
• 곱셈
• 곱셈구구
• 곱셈
• 나눗셈
• 소수의 덧셈과 뺄셈
• 분수의 곱셈
• 소수의 곱셈
• 분수의 나눗셈
• 소수의 나눗셈
문자와 식
규칙성·
함수
• 규칙 찾기
• 규칙 찾기
• 자료의 정리
(규칙 찾기 내용)
• 규칙 찾기
• 규칙과 대응
• 비와 비율
• 비례식과 비례배분
도형
(기하)
• 여러 가지 도형
• 여러 가지 도형
• 평면 도형
• 삼각형(각도)
• 합동과 대칭
• 직육면체
• 각기둥과 각뿔
• 공간과 입체
• 원기둥, 원뿔, 구
• 원
• 사각형(수직과 평행)
• 수의 범위와
어림하기
• 비교하기
• 길이 재기
• 길이와 시간
• 다각형
• 원의 넓이
• 시계 보기
• 시각과 시간
• 들이와 무게
• 각도
• 다각형의
둘레와 넓이
• 직육면체의
겉넓이와 부피
확률과
통계
• 분류하기
• 여러 가지 그래프
• 표와 그래프
• 자료의 정리
• 막대그래프
• 꺾은선 그래프
• 평균과 가능성

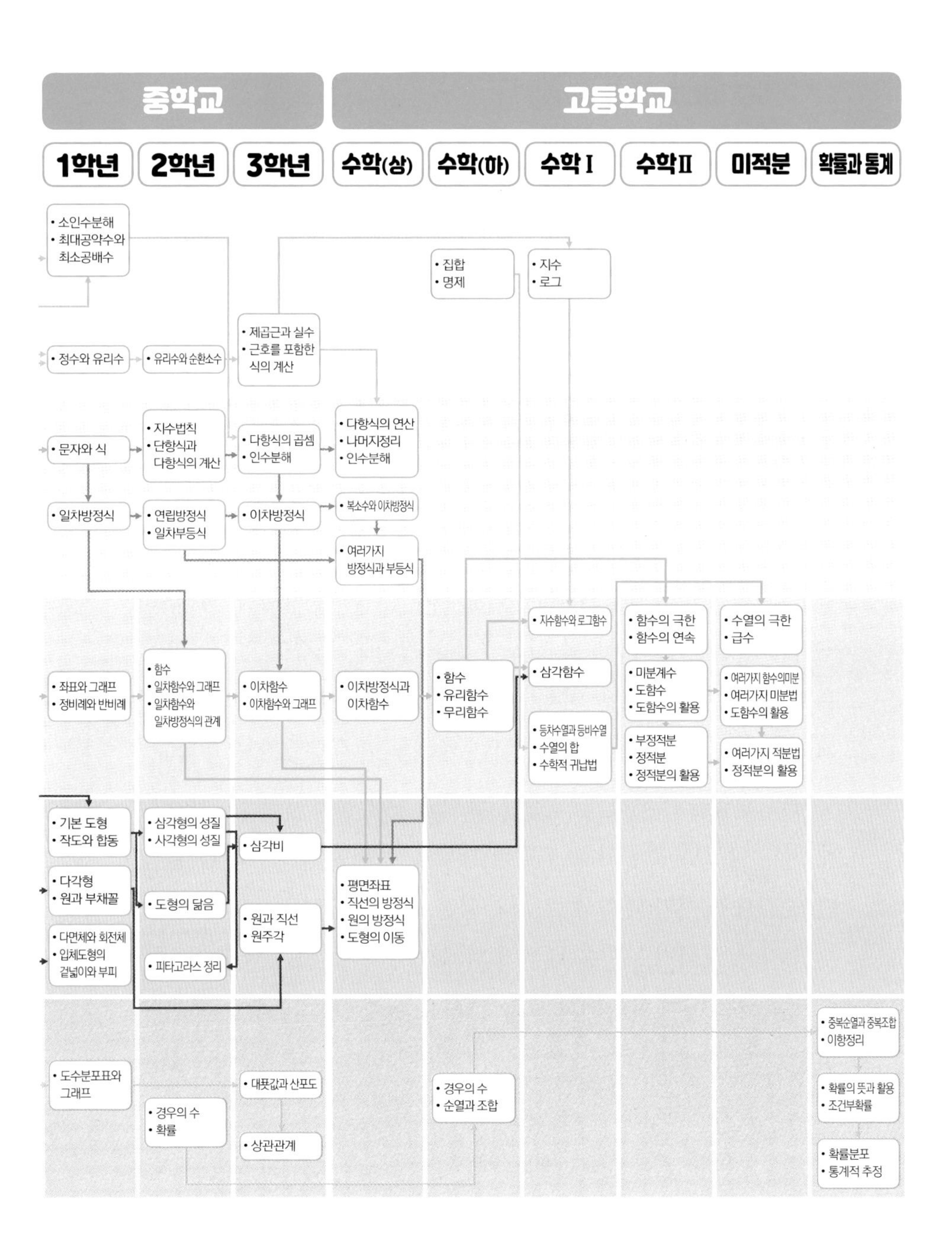

중학교
고등학교
1학년
2학년
3학년
수학(상)
수학(하)
수학Ⅰ
수학Ⅱ
미적분
확률과 통계
• 소인수분해
• 최대공약수와 최소공배수
• 집합
• 명제
• 지수
• 로그
• 제곱근과 실수
• 근호를 포함한 식의 계산
• 정수와 유리수
• 유리수와 순환소수
• 지수법칙
• 단항식과 다항식의 계산
• 다항식의 연산
• 나머지정리
• 인수분해
• 문자와 식
• 다항식의 곱셈
• 인수분해
• 일차방정식
• 연립방정식
• 일차부등식
• 이차방정식
• 복소수와 이차방정식
• 여러가지 방정식과 부등식
• 지수함수와 로그함수
• 함수의 극한
• 함수의 연속
• 수열의 극한
• 급수
• 함수
• 일차함수와 그래프
• 일차함수와 일차방정식의 관계
• 좌표와 그래프
• 정비례와 반비례
• 이차함수
• 이차함수와 그래프
• 이차방정식과 이차함수
• 함수
• 유리함수
• 무리함수
• 삼각함수
• 미분계수
• 도함수
• 도함수의 활용
• 여러가지 함수의미분
• 여러가지 미분법
• 도함수의 활용
• 등차수열과 등비수열
• 수열의 합
• 수학적 귀납법
• 부정적분
• 정적분
• 정적분의 활용
• 여러가지 적분법
• 정적분의 활용
• 기본 도형
• 작도와 합동
• 삼각형의 성질
• 사각형의 성질
• 삼각비
• 다각형
• 원과 부채꼴
• 도형의 닮음
• 평면좌표
• 직선의 방정식
• 원의 방정식
• 도형의 이동
• 원과 직선
• 원주각
• 다면체와 회전체
• 입체도형의 겉넓이와 부피
• 피타고라스 정리
• 중복순열과 중복조합
• 이항정리
• 도수분포표와 그래프
• 대푯값과 산포도
• 경우의 수
• 순열과 조합
• 확률의 뜻과 활용
• 조건부확률
• 경우의 수
• 확률
• 상관관계
• 확률분포
• 통계적 추정

수학 계통도를 활용해야 하는 이유

수학은 흐름이 있는 과목이다. 동시에 차근차근 단계를 밟아나가야 하는 학문이다. 밟아나가는 단계 중 한두 단원에 소홀하면 그다음 단계의 단원은 손도 못 대게 된다. '사회'와 같은 과목은 고등학교 사회가 꼭 중학교 사회보다 어려운 것은 아니다. 고등학교 사회는 중학교 사회보다 범위가 넓어지고, 좀 더 자세히 배우지만 반드시 '어렵다'라고 하기엔 무리가 있다. 쉽게 말하면, 중학교 사회를 아예 몰라도 고등학교 사회 공부를 시작할 수 있다.

하지만 수학은 고등학교 수학이 중학교 수학보다 무조건 어렵다. 마찬가지로 중학교 수학은 초등학교 수학보다 어렵다. 이처럼 수학은 학년이 올라갈수록 난도가 올라간다는 특징이 있다. 수학은 아래 학년에서 배운 내용(개념)을 토대로 새로운 내용을 배우게 된다. 초등학교 수학에서 개념을 제대로 다지지 않으면 중학교 수학의 개념을 이해하기 어렵다. 중학교 수학에서 개념을 탄탄하게 하지 않으면 고등학교 수학의 개념을 이해할 수 없다. 왜냐하면, 중간중간 이가 빠져서 그렇다. 다른 말로 개념에 '구멍'이 나서 그런 것이다. 이런 구멍을 메우기 위해서는 수학 계통도를 통해 자신의 위치를 먼저 파악해야 한다. 그다음 현재 단원의 기반이 되는 선행 단원이 어디인지를 살펴보고, 그 선행 단원을 공부해야 한다.

어떤 단원을 공부할 때 개념 강의를 아무리 들어도 완벽하게 이해가 가지 않는다면 분명 선행 개념에 구멍이 나 있을 가능성이 크다. 이럴 때는 수학 계통도를 꺼내놓고 우선 내가 현재 공부하고 있는 단원을 찾는다. 해당 단원의 선행 계통을 따라가 본다. 그리고는 선행 단원의 개념을 다시 훑어보는 식으로 구멍난 개념을 채워야 한다.

고등학교 과정 안에서 답을 찾기 어렵다면 중학교 개념을 찾아봐야 한다. 중학교 개념으로도 안 된다면 초등학교 과정의 수학 개념도 찾아봐야 한다. 이렇게 구멍난 개념을 거슬러 올라가다 보면 초등학교 때 배우는 개념(특히 분수의 통분)까지 거슬러 올라가는 경우도 종종 있다. 이를 부끄러워해서는 절대 안 된다. 모르는 것은 부끄러운 것이 아니다. 모르면서도 질문하지 않고, 알기 위해 노력하지 않는 것이 진짜 부끄러운 것이다.

그렇다고 고등학생이 중학교 수학을 처음부터 다시 공부하라는 말은 아니다. 어떤 학생은 자신이 중학교 수학 기초가 부족하다고 판단해서 중학교 교과서를 처음부터 다시 보기도 하는데, 그럴 필요는 없다. 고등학교 수학의 뼈대가 되는 부분만 간추려 공부하는 방법을 택해야 한다. 그래야 공부하는 학생도 지치지 않고 비교적 적은 시간 투자로 최대의 성과를 낼 수 있다.

중학교 과정을 살펴보면 1, 2, 3학년 모두 1학기에는 수와 연산, 문자와 식, 함수 관련 단원을 배우고, 2학기에는 도형(기하), 확률과 통계 관련 단원을 배운다. 즉, 중1 1학기 때 배운 내용이 중2 1학기 내용으로 이어지고, 중2 1학기 내용은 중3 1학기 내용과 깊은 연관이 있다. 2학기도 마찬가지다. 중1 1학기에 배운 내용과 중1 2학기에 배운 내용은 크게 연관이 없다. 만약 현재 학생이 중3 1학기를 대비한다면 직전 학기인 중2 2학기를 복습하는 것이 아니라 중2 1학기를 복습해야 직접적인 효과를 볼 수 있다. 이는 수학 계통도를 보면 더 명확해진다. 내가 직접 운영하는 네이버 카페 〈역전수학연구소〉와 유튜브 〈정진우TV〉에 수학의 기본기를 다지는 공부법을 소개해놓았다. 공부하는 데 조금이나마 도움이 되었으면 한다.

중학교 1학년 1학기 ➡ 중학교 2학년 1학기 ➡ 중학교 3학년 1학기

중학교 1학년 2학기 ➡ 중학교 2학년 2학기 ➡ 중학교 3학년 2학기

'나무만 보지 말고 숲을 보라'는 격언이 있다. 당장 눈앞의 일에만 몰두하지 말고 한 발짝 뒤로 물러나서 큰 그림을 살펴보라는 뜻이다. 수학 공부도 마찬가지다. 당장 눈앞의 중간고사를 위해 열심히 공부했지만, 이해가 가지 않는 것들이 많다면, 한 발짝 뒤로 물러나서 수학 계통도를 살펴봐야 한다. 지금 배우고 있는 단원에만 빠져 있지 말고, 시야를 넓혀 울창한 숲을 보길 권장한다.

수학 공부하기 전에 수학 계통도를 이따금 살펴보자. 현재 내가 공부하고 있는 곳이 어디인지 확인해보자. 자신이 공부할 부분을 전체적으로 살펴보고, 그 흐름을 명확히 하는 것이야말로 수학 실력을 효율적으로 키울 수 있는 지름길이다.

2

중학 수학은 수학 공부의 뼈대와 같은 역할을 한다

뒤를 돌아보지 않는 공부 방식

'학습 결손'이라는 말을 들어본 적이 있는가? 어떤 학년에서 배우는 교과목의 내용을 완벽하게 100% 이해했으면 '완전 학습'을 했다고 하고, 완벽하게 이해하지 못한 채 특정 부분의 내용을 이해하지 못했다면 '학습 결손'이 있다고 표현한다. 나는 이런 학습 결손을 '개념에 구멍이 났다'라고 자주 표현한다.

학습 결손은 뜻밖의 곳에서 나타나 열심히 공부하는 학생을 힘들게 한다. 특히 중학교에서 배우는 도형(기하) 단원에서 개념에 구멍이 난 친구들이 상당히 많다. 예를 들면, 중학교 때 수학을 열심히 공부하지 않은 학생이 있다. 이 학생이 고등학교에 올라가면서 마음을 다잡고 정말 열심히 공부했다. 그 결과, 고1 과정인 다항식, 방정식, 부등식의 개념을 완벽히 이해하는 수준이 되었다. 그다음 도형의 방정식 문제를 푸는데 고1 과정에 전혀 언급이 없던 '원주각'이 튀어나와 이 학생은 문제를 틀리게 된다. 중학교 3학년 교과 범위인 원주각은 시험 범위가 아닌데 말이다. 수학은 이전 학년까지 배운 내용을 모두 알고 있다는 전제하에 모든 학습이 이루어진다. 따라서 시험 출제범위도 해당 학년까지 배운 모든 내용을 시험 범위로 보아야 한다.

대부분의 학생들은 개념 공부를 소홀히 한 채 문제 풀이에 열을 올린다. 더 많은 문제를 풀기 위해 노력하고, 더 많은 문제집을 끝내기 위해 노력한다. 문제를 풀고, 채점하고, 틀린 문제의 해설지를 보고, '아 그렇구나, 이제 알겠다'라고 생각하며 넘어간다. 열심히 노력하는 모습은 높이 살 만하지만, 노력에 비해 수학 점수는 오르지 않는다. 그러면 '나는 열심히 공부했는데 왜 수학 점수가 이 모양이지? 난 머리가 나쁜가 봐. 수학 머리가 없나 봐'라고 자책하며 수학을 포기하는 일도 생기게 된다. 이 모든 일은 바로 '수학 개념'이 부족해서 생긴 일이다. '밑 빠진 독에 물 붓기' 비유를 살펴보자.

다음 그림을 보면 항아리나 하나 있다. 항아리는 개념이라 하고, 항아리에 물을 붓는 과정을 노력이라고 하자. 항아리에 뚫려 있는 구멍은 나의 개념 상태라고 치자. 이런 항아리에 아무리 열심히 물을 채워도 항아리는 가득 차지 않을 것이다. 수학적 개념에 구멍이 난 상태에서 문제 풀이만 열심히 하는 일은 마치 절대

채워질 수 없는 항아리에 계속해서 물을 붓는 일과 같다. 어디에서 구멍이 났는지, 구멍은 어떻게 막을 수 있는지를 판단하고 실행하는 것이 최우선이다.

대부분의 학생들이 마치 항아리에 구멍이 난 것처럼 학습 결손이 있다. 예를 들어, 내가 지금 중학교 2학년이라고 가정해보자. 나는 몇 달 전에 중2 2학기 중간고사를 봤다. 70점을 받았다. 내가 틀린 30점에 해당하는 문제는 오답 풀이를 하지 않았다. 사실 진짜 시험에서 틀린 문제는 꼴도 보기 싫은 마음이다. 시험 범위는 중간고사 범위 뒤부터다. 다음 기말고사 시험과 이전 중간고사 시험은 크게 연관성이 없어 보인다. 그렇게 넘어간 후 기말고사를 봤다. 이번엔 조금 올라 80점을 받았다. 중간고사 때와 마찬가지로 틀린 20점에 해당하는 문제는 다시 풀지 않았다. 이미 지나간 일, 다시 꺼내봐서 무엇하랴. '난 미래만 걱정하겠다'라는 마음으로 이번 방학엔 다음 학년인 중3 선행 학습에 매진하기로 한다.

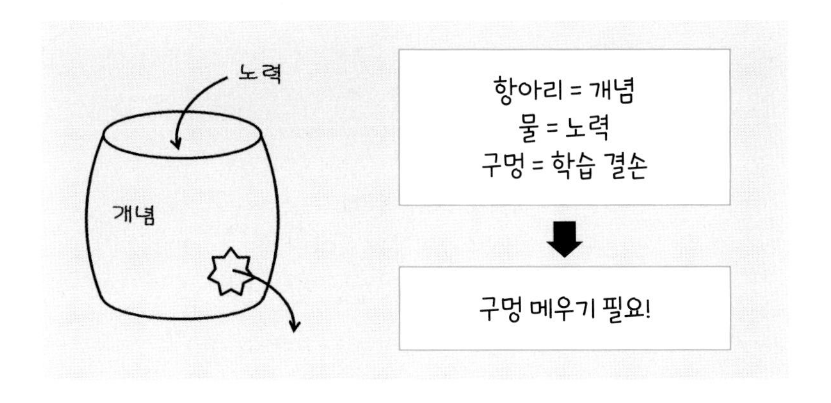

이런 식으로 아픈 과거는 묻어둔 채 앞만 보고 달려가지 않았나? 수학의 학습 결손은 이렇게 뒤를 돌아보지 않는 공부 방식으로부터 발생한다. 심지어 100점을 받은 학생일지라도 특정 개념 부분에서 학습 결손이 있을 수 있다. 이렇게 중학교 3년을 보낸 후 고등학교에 들어가면 중학교 때 구멍난 개념들이 다시 찾아와 열심히 공부하는 학생을 괴롭힌다.

선행 학습보다는 완전 학습을 하자

수학을 '완전 학습'하기 위해서는 첫 번째로 개념을 완벽하게 익혀야 하고, 두 번째로는 내신 수준의 문제 풀이를 수행해야 한다. 이 문제 풀이는 문제집 한 권으로도 충분하다. 대신 한 권의 문제집을 여러 번 반복해서 완벽하게 자기 것으로 만들어야 한다. 세 번째로 시험에서 득점으로 연결시키기 위한 실전 연습과 심화 문제 풀이를 해야 한다.

수학 공부의 3단계

1단계 : 개념을 익히는 단계
2단계 : 내신 수준의 문제 풀이 단계
3단계 : 심화 문제 풀이, 실전 연습 단계

많은 학생들이 본인은 이런 단계로 공부한다고 생각한다. 그런데 의외로 1단계에 해당하는 개념 공부를 소홀히 하는 학생이 많다. 수학 기본서의 설명을 쭉 읽고, 공식을 외우는 것을 '개념 공부를 완벽하게 했다'라고 착각하는 경우가 많다. 이렇게 공부하면 몇 달 뒤엔 애써 공부한(암기한) 내용이 증발해버리고, 다시 개념 공부를 하는 만행을 저지른다. '개념 공부를 완벽하게 했다'라고 하려면 다른 사람에게 설명할 수 있는 수준이 되어야 한다. 내 입으로 설명할 수 있는 정도의 수준이 되려면 눈으로 공부하는 것보다 훨씬 더 많은 시간이 걸린다. 하지만 한 번 공부하고 나서 몇 달 후에 까먹고, 다시 공부하는 시간을 고려하면 시간이 좀 더 걸리더라도 설명할 수 있는 수준으로 공부하는 것이 훨씬 더 효율적인 방법이다. 내 입으로 설명할 수 있는 정도의 수준이 되면 좀처럼 머릿속에서 증발되지 않는다. 장기기억으로 저장된 덕분이다.

앞 장에서 소개한 수학 계통도를 다시 살펴보자. 다행스럽게도 '수와 연산', '문자와 식', '함수' 파트는 중학교 때 다룬 내용을 고등학교 과정에서 다시 한번 다루는 부분이 있다. 덕분에 중학교 때 해당 파트의 개념을 소홀히 했더라도 고등학교 교과 과정에서 따라갈 여지가 있다.

하지만 도형(기하) 파트는 다시 한번 다루는 부분이 없다. 삼각형·사각형의 성질, 도형의 닮음, 피타고라스 정리, 원과 직선, 원주각과 같은 개념은 고등학교 교과 과정에 없다. 고등학교 1학년 과정인 직선의 방정식, 원의 방정식과 같은 단원에서 문제 속에 개념이 녹아 있다. 중학교 때 배운 개념을 모르면 문제를 풀 수가 없다는 뜻이다.

이 파트는 고등학교 1학년 과정인 고등수학(상)에 해당한다. 중학교 때 공부를 열심히 안 했던 학생이 고등학교에 올라가서 '난 정말 열심히 공부할 거야!'라고 다짐한다. '직선의 방정식'과 '원의 방정식' 단원을 아주 열심히 공부한다. 분명 기본서에 나온 개념을 철저하게 공부했는데, 문제를 풀어보니 앞선 개념에 있지도 않은 '원주각', '도형의 닮음'이 튀어나온다. 중학교 도형 개념이 부족하기 때문에 고등학교 1학년 1학기에 해당하는 고등수학(상)에서 바로 좌절하게 된다. '나는 기초가 없어서 안 되는구나' 하며 수포자의 대열에 합류한다.

비단 도형 파트에만 해당하는 문제가 아니다. 수와 연산, 문자와 식, 함수, 확률과 통계까지 중학교 때 배운 내용을 기반으로 해서 고등학교 개념을 배우게 된다. 그만큼 중학 수학은 고등 수학의 토대가 된다. 고등 수학의 뼈대가 되는 부분을 간추린 중학 수학 정보는 내가 운영 중인 네이버 카페 〈역전수학연구소〉를 참고하면 도움이 될 것이다.

수학 계통도를 보면 수학의 단원들이 화살표로 연결된 것을 알 수 있다. 수학은 앞, 뒤 내용이 계통으로 연결된 학문이다. 사회나 과학과 같은 과목은 앞선 내용을 모른다 하더라도 시험에 해당하는 범위의 내용만 완벽하게 숙지하면 얼마든지 100점을 받을 수 있다. 하지만 수학은 다른 과목과는 다르게 학습할 내용이 연속적이고 점진적으로 이루어져 있어서, 차근차근 단계를 밟아 가면서 공부해야 한다.

중학 수학은 수학 공부의 뼈대와 같은 역할을 한다. 중학교 1학년 때 중1 수학을 확실히 공부하고, 중학교 3학년이라면 중3 수학을 완벽하게 공부하도록 하자. 지금 공부하는 단원을 아무리 봐도 이해가 가지 않는다면 수학 계통도를 참고해서 부족한 부분이 어디인지 추적해보자. 추적해서 구멍난 개념을 메워보도록 하자. 차근차근 학습 결손을 없애간다면 단단한 항아리에 결국 물을 가득 채울 수 있을 것이다.

3

수학 공식은 이해를 바탕으로 암기하라

개념이란 무엇인가

수학 공부에서는 '개념'을 철저히 공부하라는 말을 많이 들어봤을 것이다. 우리는 초등학교 때부터 '수학은 개념을 탄탄하게 잡아야 한다'는 이야기를 수도 없이 들었다. 과연 개념을 철저히 공부한다는 것은 어떻게 하는 것일까?

먼저 수학에서 말하는 개념이란 무엇인지 알아보자. 수학의 기본이 되는 숫자는 태초부터 존재했던 것이 아니다. 인간들이 생활하면서 만들어낸 '약속'이다. 원활한 소통을 위해 개수를 표현하고, 더하고 빼고 나누고 곱하는 의미를 표현하기 위해 인간들끼리 약속한 것이다. 더하기를 십자 모양(+)으로 한 것도, 빼기를 일자 모양(-)으로 하기로 한 것도 바로 이런 약속이다. 개수를 표현하는 데 매번 손가락을 사용하거나 그림을 일일이 그리기에는 너무 불편했기 때문이다. 십자 모양(+)이든 일자 모양(-)이든 모양(기호)은 중요하지 않다. 왜냐하면, 기호는 약속하기 나름이기 때문이다.

수학은 이렇듯 약속을 기반으로 하는 학문이다. 수학 교과서나 기본서에 이런 약속들을 알기 쉽게 풀어서 설명해놓은 부분이 바로 개념이다. 간혹 개념 공부를 하라 했더니 공식을 외우는 학생도 있는데, 개념은 공식이 아니다. 공식이 나오기 전까지 설명해놓은 부분이 개념에 해당한다. 공식은 이런 개념의 과정을 줄여주는 도구일 뿐이다. 기본서나 교과서를 볼 때 무언가 '~라 하기로 한다', '~라 하기로 하자'와 같이 '약속'하는 부분이 바로 개념이다.

'세 변의 길이가 같은 삼각형을 정삼각형이라 하기로 하자.'

'원은 평면 위의 한 점으로부터 같은 거리에 있는 점들의 집합이라 하기로 한다.'

이렇게 약속을 하는 부분을 다른 말로 '정의'라고 부른다. 정의는 수학 용어와 기호를 소개하고 '~라 하기로 한다'와 같이 굳건한 약속을 하는 부분을 말한다. '정의'라는 단어는 괜히 어려워 보이고 쉽게 와닿지 않기 때문에 여기에서는 '약속'이라는 단어를 정의 대신 자주 사용하겠다. 학생들은 보통 이런 '정의'하는 부분을 그냥 훑어보고 고개를 끄덕이며 지나간다. 왜냐하면, 정의를 열심히 공부하는 과정이 성적 향상과 크게 관련이 없어 보이기 때문이다. 그래서 굳이 정의를 꼼꼼하게 머릿속에 넣으려하지 않는다. 공부하자니 애매하고, 안 하자니 개운하지 않은 그런 부분인 셈이다.

정의를 확실히 익히고 넘어가는 학생이 의외로 적다. 중학교에서 배운 '함수'가 뭐냐고 물어보면 많은 학생들이 "음…. 글쎄요?", "문제는 잘 풀었는데 말로 하기가 좀 모호하네요"라고 대답을 하는 것이다.

'함수란 하나의 정의역에 하나의 치역이 대응되는 것을 말한다. $y=f(x)$와 같은 형태를 보이고, 대체로 x가 변하면 y도 변한다.' 함수를 이 정도로 설명할 수 있는 학생은 거의 없다. 교과 과정에서 그렇게 중요하게 다루는 함수를 제대로 설명하는 학생이 매우 드물다. 학생들이 정의 학습, 개념 학습을 생각보다 대단히 소홀하게 생각한다는 것을 알 수 있다.

개념 학습이 중요한 이유로는 몇 가지가 있다. 우선 고난도 문제를 풀기 위해서다. 쉬운 문제는 문제에 식이 주어진다. 그래서 스스로 식을 세울 필요가 없다. 주어진 식에 주어진 조건을 이용해서 문제를 비교적 쉽게 풀 수 있다. 반면 고난도 문제는 식이 주어지지 않는다. 문제의 설명을 보고 스스로 식을 세워야 한다. 개념 학습을 잘해놓으면 이런 고난도 문제의 식을 세울 때 큰 힘을 발휘하게 된다. 그리고 고난도 문제는 한 가지 개념만 사용하는 것이 아니라 여러 개념이 섞여서 문제가 출제된다. 따라서 개념의 정의를 확실히 이해하고 있고, 공식을 유도하는 과정을 스스로 해본 학생은 고난도 문제를 풀기 위한 다양한 수학적 도구와 생각의 재료를 가지고 있다.

다양한 수학적 도구를 가진 학생은 고난도 문제뿐만 아니라 논술이나 서술형 문제에서 고득점을 올리는 데 큰 도움이 된다. 논술과 서술형 문제는 '답'만 맞히는 객관식 문제와는 달리, 답을 맞히는 과정을 통해 득점하게 된다. 따라서 개념 학습을 통해 스스로 생각하는 습관이 갖춰져 있다면 풀이 과정을 설명하는 데 매우 유리하다. 그래서 개념 공부가 매우 중요한 것이다. 그중에서도 정의는 확실하게 공부를 하고 넘어가야 한다.

개념 공부는 '왜?'라는 질문이 나오지 않을 때까지 모든 궁금증을 해소하면 끝이 난다. 100% 이해를 하게 되면 이미 반강제로 머릿속에 공식이 암기된다. 제대로 개념 공부를 마쳤는지 테스트를 해보려면 해당 개념의 정의를 설명해보면 된다. 미분이란 무엇인가? 함수란 무엇인가? 수열이란 무엇인가? 이런 질문에 막힘없이 설명할 수 있으면 100% 이해했다고 볼 수 있다.

수학은 개념에서 시작된 학문이다. 수많은 자기주도 학습 전문가들이 개념 공부를 강조하는 이유도 여기에 있다. 수학이 곧 개념이고, 개념은 곧 수학의 기본기다. 이 기본기를 대충 학습하고 문제 풀이라는 결과만 빨리 얻으려고 해서는 안 된다.

유도 과정 = 고난도 문제를 풀기 위한 수학적 재료

공식이 나오기까지의 유도 과정을 계속해서 강조한 바 있다. 유도 과정을 알면 얼마나 기억에 오래 남고, 어떻게 응용이 가능한지 살펴보도록 하자. 고등학교 1학년 때 배우는 '집합과 명제' 단원에서는 부분집합의 개수를 구하는 공식을 배운다.

어떤 집합의 원소의 개수가 n개 일 때, 부분집합의 개수는 2^n개이다.

예를 들어, 집합 $A=\{a, b, c\}$일 때, 원소의 개수는 a, b, c 총 3개이므로 위 공식에 $n=3$을 대입하면 부분집합의 개수는 $2^3=8$개가 된다. 이 공식의 유도 과정은 아주 쉬우니 천천히 같이 보자. 집합 A의 부분집합은 각 원소 a, b, c가 있거나 없거나 둘 중 하나다. 따라서 간단하게 표로 그려볼 수 있다.

원소	a	b	c	부분집합
원소 a, b, c 모두 있거나(O) 없거나(X) 둘 중 하나다.	O	O	O	$\{a, b, c\}$
			X	$\{a, b\}$
		X	O	$\{a, c\}$
			X	$\{a\}$
	X	O	O	$\{b, c\}$
			X	$\{b\}$
		X	O	$\{c\}$
			X	$\{\ \}$
총 개수				$2\times2\times2=8$

원소 a는 있거나(O) 없거나(X) 두 가지의 경우의 수를 갖고, 원소 b도 있거나, 없거나 두 가지의 경우의 수를 가지며, 원소 c도 두 가지의 경우의 수를 갖는다. 따라서 각각의 경우를 고려하면

총 $2\times2\times2=8$개의 부분집합을 가질 수 있다. 이 유도 과정을 이해하고 스스로 연습했다면 다음의 문제를 쉽게 풀 수 있다.

Q1) 집합 $A=\{a, b, c\}$일 때, 원소 a를 반드시 포함하는 부분집합의 개수는 몇 개인가?

Q2) 집합 $A=\{a, b, c\}$일 때, 원소 a를 반드시 포함하고, 원소 b는 포함하지 않는 부분집합의 개수는 몇 개인가?

만약 유도 과정을 이해하지 않고 결과 공식만 외웠다면 '어? 부분집합의 개수 공식은 2^n인데, n에 몇을 넣어야 하는 거지?'라고 생각하며 혼란에 빠질 수 있다. 반면, 유도 과정을 이해하고 직접 유도해본 학생이라면 '부분집합의 개수는 포함하는 경우와 안 하는 경우 두 가지로 나뉘어서 2^n이었지. 표로 정리하면 쉽겠다'라고 생각하며 변형된 문제도 거리낌 없이 대처할 수 있다. 실제 풀이 과정은 아래와 같다.

Q1) 집합 $A=\{a, b, c\}$일 때, 원소 a를 반드시 포함하는 부분집합의 개수는 몇 개인가?

<table>
<tr><th>원소</th><th>a</th><th>b</th><th>c</th><th>부분집합</th></tr>
<tr><td rowspan="4">원소 a를 반드시 포함(○)하므로
a의 경우의 수는 1가지이다.</td><td rowspan="4">○</td><td rowspan="2">○</td><td>○</td><td>{a, b, c}</td></tr>
<tr><td>X</td><td>{a, b}</td></tr>
<tr><td rowspan="2">X</td><td>○</td><td>{a, c}</td></tr>
<tr><td>X</td><td>{a}</td></tr>
<tr><td colspan="4">총 개수</td><td>1×2×2=4</td></tr>
</table>

원소 a는 반드시 포함해야 하므로 한 가지의 경우의 수를 갖고, 원소 b는 있거나 없거나 두 가지의 경우의 수를 가지며, 원소 c도 두 가지의 경우의 수를 갖는다. 따라서 각각의 경우를 고려하면 총 $1\times2\times2=4$개의 부분집합을 가질 수 있다.

Q2) 집합 $A=\{a, b, c\}$일 때, 원소 a를 반드시 포함하고, 원소 b는 포함하지 않는 부분집합의 개수는 몇 개인가?

<table>
<tr><th>원소</th><th>a</th><th>b</th><th>c</th><th>부분집합</th></tr>
<tr><td rowspan="2">원소 a를 반드시 포함(○)하므로
a의 경우의 수는 1가지이고,
원소 b를 반드시 포함하지 않으므로(X)
b의 경우의 수는 1가지이다.</td><td rowspan="2">○</td><td rowspan="2">X</td><td>○</td><td>$\{a, c\}$</td></tr>
<tr><td>X</td><td>$\{a\}$</td></tr>
<tr><td colspan="4">총 개수</td><td>$1\times1\times2=2$</td></tr>
</table>

원소 a는 반드시 포함해야 하므로 한 가지의 경우의 수를 갖고, 원소 b는 반드시 포함하지 않아야 하므로 한 가지의 경우의 수를 가지며, 원소 c는 두 가지의 경우의 수를 갖는다. 따라서 각각의 경우를 고려하면 총 $1\times1\times2=2$개의 부분집합을 가질 수 있다.

위 두 문제의 풀이 방법 아이디어는 부분집합 개수 공식의 유도 과정에 담겨 있다. 이처럼 공식이 유도되는 과정을 스스로 연습하고 익힌다면 변형된 문제나 고난도 문제를 푸는 데 소중한 수학적 도구를 장착하는 것과 같다.

모든 수학 문제는 개념에서 설명된 약속만 가지고도 풀어낼 수 있다. 다만 공식은 중간 과정에서 소요되는 복잡한 계산을 간편하게 해주는 도구일 뿐이다. 이제는 제발 공식 암기의 집착에서 벗어나자. 눈앞에 있는 공식이 탄생하게 된 과정을 샅샅이 찾아내자. 더 이상 '왜?'라는 질문이 나오지 않을 만큼 학습하고, 다른 사람에게 설명할 수 있는 수준을 만들어보자. 공식의 유도 과정을 비롯한 개념 공부를 하나씩 체화하다 보면 고난도 문제를 풀기 위한 수학적 재료가 어느새 차곡차곡 쌓여 있을 것이다.

4

문제 풀이는 기초 개념을 완성시킨다

수학 기본서 공부법

앞서 1장에서 수학의 개념 학습은 개념의 이해와 기본 문제 풀이로 구성된다고 소개한 바 있다. 개념 학습을 위해 활용하는 《수학의 정석》, 《개념원리》, 《수학의 바이블》과 같은 기본서는 여러분의 수학적 사고력이나 수학적 직관력을 키워주기 위한 교재가 아니다.

수학의 개념 학습 — 개념의 이해 / 기본 문제 풀이

기본서는 수학의 개념을 설명해주고 실제 문제에 적용하면서 개념을 확실하게 다지게 해주는 교재다. 대부분의 기본서는 아래와 같은 구조로 구성되어 있다.

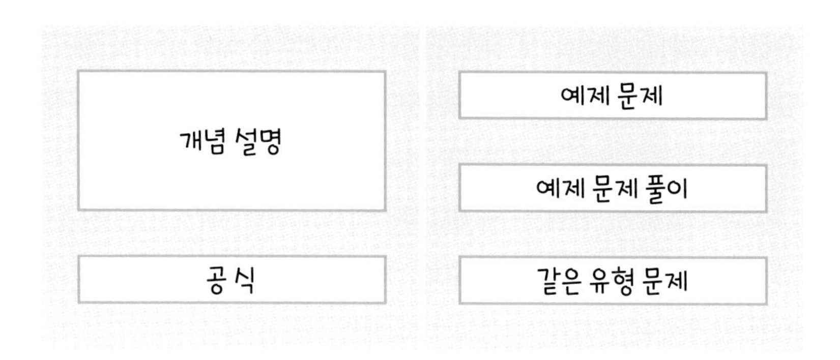

위의 그림의 왼쪽을 보면 각 단원의 기본이 되는 개념의 설명 부분이 있고, 설명의 중간이나 끝부분에 공식이 위치한다. 개념 설명 부분을 완전히 내 것으로 만들어 남에게 설명할 정도의 수준이 되면 공식은 반강제로 외워지게 된다. 공식이 없어도 개념을 설명하는 내용으로도 문제를 충분히 풀 수 있다. 공식은 개념의 설명 과정을 줄여주는 도구일 뿐, 문제를 풀 수 있는 유일한 방법은 아니다. 물론 그렇다고 공식을 사용하지 말라는 뜻이 아니다. 다만 그 공식이 어떻게 나오게 됐는지를 반드시 알고 있어야 한다는 의미다.

수학 공식은 공식의 유도 과정을 공부하면서 자연스럽게 암기가 되어야 한다. 공식의 유도 과정에서 사용되는 아이디어는 고난도 문제를 풀기 위한 소중한 수학적 재료가 된다. 공식은 단지 개념의 복잡한 과정을 줄여주고 문제 풀이 시간을 단축해주는 도구일 뿐이라는 사실을 꼭 기억해야 한다. 공식 자체는 나쁜 것이 아니다. 하지만 공식만 암기하는 것은 나쁘다는 것을 기억하자.

개념 설명과 공식의 소개가 끝이 나면 바로 예제 문제를 만날 수 있다. 방금 공부한 개념과 공식을 이용해 문제를 풀어보는 연습을 하는 것이다. 그런데 특이한 점은 예제 문제 바로 아래에 풀이 과정이 쓰여 있다는 것이다.

기본서를 만든 사람은 왜 별도의 답지에 풀이 과정을 넣지 않고 문제 바로 아래에 해답 풀이를 넣었을까? 이유는 개념이 어떻게 문제에서 활용되는지, 그 방법을 바로 습득하라는 뜻이다. '아, 이 개념은 이렇게 문제에서 활용하는구나!', '이 공식은 이런 문제에 활용할 수 있구나!' 하는 개념의 활용 방법을 익히라는 의도다. 만약 개념을 익힌 다음에 예제 문제를 풀 때 잘 풀리지 않는다면 바로 해설을 봐도 좋다. 기본서의 구성 자체가 예제 문제를 한 번에 못 풀면 바로 해설을 보면서 공부하라는 의도가 깔려 있다.

학생들은 보통 '문제를 풀다가 막히면 답을 바로 보지 말고 풀릴 때까지 고민에 고민을 거듭해야 한다'고 생각하는 것이 일반적인데, 이 예제 문제는 예외다. 이 문제를 풀다 막히면 고민하지 말고 바로 풀이를 봐야 한다. 풀이법을 '분석'하는 데 온 힘을 쏟아야 한다. 그렇게 공부하라고 저자가 예제 문제 바로 아래에 풀이와 답을 적어놓은 것이다.

이런 기본 예제 문제는 다른 문제와는 달리 굳이 채점할 필요가 없다. 맞고 틀리고를 따지는 문제 풀이가 아니라 단지 앞에서 배운 개념과 공식이 문제에 어떻게 활용되는지를 살펴보는 것으로 충분하다. 혼자 문제 풀이를 연습하기에 앞서 감을 잡는 용도로 생각하면 딱 적당하다.

기본서에는 어떻게 공부하라는 방법을 별도로 적어두지는 않는다. 다만 그 의도를 알리기 위해 예제 문제의 풀이를 문제 바로 아래 위치시켰을 뿐이다. 같은 수학 기본서를 보더라도 누구는 성적이 오르고 누구는 오르지 않는 것은 이런 이유 때문이다. 그러므로 공부법을 확실히 알고 공부해야 효율이 훨씬 높은 공부를 할 수 있다.

수학 공부의 3단계

몇 년 전에 자녀 셋을 모두 명문대에 보낸 소위 '돼지 엄마'가 TV 프로그램에 나온 적이 있다(여기에서 돼지 엄마란, 돼지가 새끼들을 끌고 다니듯 교육열이 높고 사교육 정보가 많아 또래 학부모에게 영향력을 행사하는 엄마를 지칭한다). 많은 학부모들이 이분에게 '어떻게 하면 그렇게 아이들이 공부를 잘할 수 있었는지?'에 관해 물었다. 이분의 대답 중에 크게 공감한 부분이 있다.

"공부를 좀 한다는 중상위권 아이들은 기출 문제에 환장하고, 최상위권 아이들은 교과서에 환장한다는 말이 있어요."

정말 깜짝 놀랐다. 최상위권 아이들이 교과서를 어떻게 생각하는지를 정확히 꿰뚫는 표현이었다. 보통 교과서는 단지 학교에서 배우는 교재라고만 생각하고, 문제만 풀고 버리는 경우가 많다. 하지만 교과서야말로 개념 공부를 할 때 굉장히 경쟁력이 높은 교재다. 교과서의 장점은 여러 가지가 있다. 우선, 단원의 개념을 왜 배우는지 단원이 시작되는 부분에 정확하게 표현해준다. 그리고 개념이 어떻게 생기게 되었는지를 자연스럽게 유도할 수 있게 도와준다. 또한, 개념과 원리를 어느 정도의 수준으로 공부해야 할지를 제시해준다. 수능 시험 출제가 교과서를 바탕으로 하기 때문에 교과서에서 제시한 정도의 수준까지만 개념과 원리를 공부하면 된다는 뜻이다. 시중 기본서는 풀이 방법을 직접 알려주지만, 교과서는 학생 스스로 생각해서 풀 수 있도록 도와주는 문제가 많다. 혼자 생각하는 힘을 기르는데 교과서는 강력한 기본서다.

수학 공부는 3단계로 구성된 단계별 학습을 순차적으로 수행하는 것이 좋다. 1단계에서는 개념을 익히고, 2단계에서는 내신 수준의 유형 문제집을 푼다. 내신 유형 문제집을 통달한 후에는 수능이나 심화 수준의 문제 풀이로 들어간다. 우선 1단계에 해당하는 개념 공부를 완벽하게 끝마친 후에 다음 단계로 넘어가는 것이 바람직하다. 여러 번 강조하지만, 개념 공부를 끝마쳤다 함은 다른 사람에게 설명할 수 있을 정도의 수준을 말한다. 몇 달 뒤에도 설명이 가능한 수준이 되어야 수능 때까지 까먹지 않는다.

2단계인 내신 수준의 문제 풀이 학습의 목적은 공부한 개념을 어떻게 활용할 수 있는지를 연습하는 데 있다. 이 내신 유형 문제집으로 대표적인 것으로《쎈 수학》과《마플시너지》가 있다. 2단계에 해당하는 내신 유형 문제집을 한 권 선택해서 반드시 마스터해야 한다. 이런 내신 유형 문제집 수준의 문제는 보통의 학군의 일반고 내신문제 수준과 비슷하다. 문제집을 마스터한다는 것은 한 권의 문제집을 여러 번 반복해서 정형화된 유형의 다양한 문제를 아주 신속하게 풀 수 있도록 연습하는 것을 말한다.

수학 공부의 3단계

1단계 : 개념을 익히는 단계
2단계 : 내신 수준의 문제 풀이 단계
3단계 : 심화 문제 풀이, 실전 연습 단계

유형을 '암기'하라는 뜻이 아니다. 단원마다 정형화된 문제는 항상 존재한다. 이런 정형화된 내신 유형 문제(《쎈 수학》B단계 수준)를 최대한 빨리 풀어야 실제 시험에서 고난도 문제를 풀 수 있는 시간을 벌 수 있다. 마치 수학의 달인이 된 것처럼 빠른 속도로 쉽게 정답을 내놓는 수준이 되어야 한다. 이 정도 수준의 문제들은 수학적 사고력을 키운다며 오래 붙잡고 있어서는 안 된다.

이 문제들을 풀다가 막히면 한 5분 정도만 고민하고, 답을 찾지 못한다면 해설지를 보는 것을 추천한다.

내신 유형의 문제를 푸는 목적은 배운 개념을 어떻게 활용하는지를 체화해서 정형화된 문제를 최대한 빠르고 정확하게 풀어내는 데 있다. 사고력을 키우기 위해 오랜 시간 고민하는 문제는 3단계 수준인 수능, 평가원 기출 문제나 논술형 문제를 가지고 하는 것이 바람직하다.

1단계인 개념 공부를 마치면 50% 이상이 완성되고, 2단계인 내신 수준의 문제 풀이를 마치면 80~90%가 완성된다. 마지막 3단계인 심화 문제 풀이를 통해 수학 실력을 100%까지 끌어올릴 수 있다. 교과서와 기본서에 수록된 개념과 예제 문제를 풀 수 있다고 해서 수학 개념이 완성되는 것이 아니다. 내신 유형 문제와 수능형 심화 문제 풀이를 거쳐야만 기초 개념을 더욱 단단하게 만들 수 있다.

5

맞힌 문제도 풀이 과정을 복기하라

해설지 활용 방법

"선생님, 문제를 풀다가 막히면 바로 해설지를 봐도 되나요?"
"모르는 문제가 나오면 고민을 얼마나 해야 하나요?"

수학 문제를 풀려고 이리저리 궁리를 해보는 데, 풀 수 있는 방법이 도통 떠오르지 않는 경우가 많이 있다. 인터넷이 워낙 빠른 세상에 살아서일까? 스마트폰을 클릭하는 즉시 정보를 제공해주는 환경 때문일까? 학생들은 수학 문제를 풀다가 풀이 방법이 떠오르지 않으면 채 1분도 고민하지 않고 바로 해설지를 펼쳐본다. 해설지에는 정답으로 가는 길이 상세하게 설명되어 있다. 풀이 방법과 정답도 바로바로 확인할 수 있다.

많은 학생들이 수학 공부를 할 때 문제집과 해설지를 책상 위에 같이 놓고 공부를 한다. 문제를 풀다가 막히면 바로 해설지를 확인하기 위해서다. 해설지를 확인하고는 '이렇게 풀면 되는구나' 하고 그냥 넘어가는 학생도 있다. 해설을 눈으로만 봤는데 마치 이해가 된 것 같이 막힘없이 훑어봤기 때문에 '이해했다'고 생각하고 넘어가는 것이다. 풀리지 않던 문제도 해설지를 보면 이해가 되는 것 같은 착각이 들기도 한다. 하지만 눈으로 봤을 때 이해가 됐다고 느낀 문제를 다시 손으로 풀어보면 또다시 막히는 경우가 많다. 해설지만 보고 넘어간 문제는 똑같은 문제를 마주해도 다음에 또 틀리게 되어 있다.

실제로 우리가 수학 문제를 풀 때, 해설지에서 설명하는 풀이 과정을 이해하지 못해서 문제를 틀리는 경우는 많지 않다. 대부분은 해당 문제를 풀기 위한 '접근 방법'을 생각해내지 못해서 틀린 것이다. 수학 문제를 어떻게 풀 수 있을지를 이리저리 고민하고, 궁리해본 후에 적절한 접근 방법을 발견해나가야 한다. 그런 다음, 이러한 과정을 반복해서 연습하는 것이 수학 실력을 올릴 수 있는 지름길이다.

그렇다고 해설지를 아예 보지 말라는 것은 아니다. 우리는 효율적으로 공부해서 최고의 성과를 얻는 것에 목표를 두어야 한다. 학생의 현재 수준이 개념을 익히는 단계이거나 내신 수준의 문제 풀이 단계라면 모르는 문제를 놓고 너무 오래 고민하는 방법은 추천하지 않는다. 내신 유형 문제를 푸는 목적은 단원에서 배운 개념을 문제에서 어떻게 활용할 수 있는지 연습하는 데 있다. 이런 문제를 붙잡고 몇 시간을 고민한다고 수학적 사고력이 높아지지 않는다. 유형 문제를 풀다가 막히면 한 5분 정도만 고민하도록 하자.

수능 기출 문제나 심화 수준의 문제를 풀다가 막히면 아주 오랜 시간 고민을 해도 좋다. 이런 어려운 문제를 풀 수 있는 접근 방법을 잘 떠올리느냐가 최상위권이냐 아니냐의 차이라고 볼 수 있다. 수학 문제의 정답을 찾기 위해 이리저리 궁리하는 '해결책 찾기 능력'을 향상시켜야 한다. 그래야만 여러 개념을 혼합해놓거나, 문제에서 식을 제시하지 않고 숨겨 놓는 고난도 문제를 잘 풀 수 있다.

문제를 풀다 막히면 어느 정도 고민한 후에 해설지를 참고하는 방법이 바람직하다고 했다. 이때도 해설지를 한 번에 다 봐서는 안 된다. 예를 들어 어떤 문제를 풀다가 막히면, 우선 이리저리 해결책을 찾기 위해 고민한다. 아무리 고민해도 적절한 접근 방법이 떠오르지 않으면 해설지를 펼친다. 해당하는 문제의 해설을 일단 손으로 가린 후에 해설의 맨 윗줄만 먼저 본다. 맨 윗줄만 봤을 때 무언가 떠오르지 않으면 두 번째 줄까지만 본다. 마치 복권 당첨번호를 확인하는데 번호를 하나씩 야금야금 보듯이, 해설도 그런 식으로 보라는 것이다. 어떤 경우는 해설의 맨 윗줄만 보고도 '아! 이거 이렇게 하면 되겠네!' 하면서 나머지 해설을 보지 않고 다시 혼자 풀어볼 수 있다. 그렇게 정답을 도출하는 경우도 꽤 많다. 정답으로 가기 위해 필요한 첫 단추가 없었을 뿐, 그 이후 과정은 술술 나올 수 있다는 것이다.

해설 맨 위의 한두 줄을 봐도 해결책이 떠오르지 않을 수 있다. 그러면 세 번째, 네 번째 줄을 순차적으로 야금야금 늘려가며 해설을 보자. 그러다가 남은 과정은 혼자서 풀 수 있겠다 싶으면 해설 보는 것을 중단하고 다시 혼자서 문제를 풀어보자. 이런 식으로 해설을 참고해야 진짜 수학 실력을 올릴 수 있다.

한 문제를 풀더라도 완전히 자기 것으로 만들어야

나는 수업을 진행할 때 개념을 설명해준 후에 학생이 문제를 직접 풀어보게끔 한다. 소규모로 수업할 때는 정답을 맞히면 어떻게 맞혔는지 간단하게 설명을 시킨다. 풀이 과정이 올바르면 바로 넘어가고, 그렇지 않으면 풀이 과정을 교정해준다.

문제를 풀어보라고 했는데 아예 손도 못 대거나 접근 방법이 잘못된 경우에는 문제 해설을 앞부분만 조금 해준 후, '여기서부터 다시 혼자 풀어볼 수 있겠어?'라고 물어본다. 문제를 풀기 위한 일차적인 접근 방법을 알려준 셈이기 때문에 그 이후부터는 학생이 직접 문제 풀이 시도가 가능하다. 학생이 막히면 선생이 조금씩 힌트를 주는 방식으로 지도하면 처음엔 손도 못 댔던 문제를 결국엔 학생이 스스로 풀 수 있게 된다. 과외도 인터넷 강의도 문제 풀이 강의는 이런 방식으로 공부해야 실력이 향상될 수 있다.

과외는 워낙 선생님들의 실력 차이가 천차만별이고, 간단한 프로필만 봐서는 어떻게 수업을 하는지 실력을 알 수가 없다. 맛보기 강의를 들어볼 수도 없기 때문에(시범 과외가 있을 수 있지만, 보통은 안 하는 경우가 대부분이다) 좋은 선생님을 선택하기가 쉽지가 않다. 그래서 과외는 보통 아는 사람을 통해 소개받는 경우가 많다. 혹시 좋은 과외 선생님을 구하고자 한다면 백지에서 개념 설명이 가능한 실력인지 확인하는 것이 좋다. 그리고 문제 풀이를 할 때는 혼자서만 신나게 푸는 것이 아니라 학생이 스스로 풀 수 있게끔 옆에서 힌트를 주면서 가르치는 스타일이어야 학생의 성적 향상에 도움이 될 수 있다.

인터넷 강의는 맛보기 강의를 무료로 볼 수 있기 때문에 그나마 선생님을 고르기가 수월하다. 다만 문제 풀이 강의를 들을 때에는 반드시 그 문제를 먼저 풀어본 후에 수업을 들어야 한다. 문제 풀이를 혼자 해보지 않고 수업을 듣는 것은 문제 해결 능력을 키울 수 있는 소중한 기회를 박탈당하는 것과 같다. 문제 풀이 수업도 해설지 확인 방법과 마찬가지로 선생님의 풀이를 한 번에 쭉 들어서는(구경해서는) 안 된다. 문제 해설 초반을 조금 듣다가 어떻게 풀면 될지 눈치를 채게 되면 그 즉시 강의를 일시 정지하고 문제를 직접 풀어봐야 한다. 그러다 막히면 다시 강의를 재생하고, 다시 직접 풀어보는 방식으로 문제를 풀어야 한 문제를 풀더라도 완전히 자기 것으로 만들 수 있다.

많은 학생들이 수학 문제를 풀고 정답을 맞히면 뒤도 돌아보지 않고 그냥 넘어간다. 왜 그렇게 문제를 풀었는지 돌아보지 않고 답만 맞으면 그 문제는 다 안다고 생각하기 때문이다. 난도가 좀 있는 문제의 풀이를 마친 후에는 '복기'의 시간을 갖는 것이 상당히 도움된다. '복기'란, 바둑에서 한 번 두고 난 바둑의 판국을 비평하기 위해 두었던 대로 다시 처음부터 놓아보는 것을 말한다. 두었던 대로 다시 처음부터 놓아보면서 '이때는 이런 이유로 여기에 돌을 놓았구나' 하며 다시 한번 자신의 바둑을 돌아보는 것이다.

수학 문제 풀이도 이런 복기의 과정을 통해 수학 실력을 상승시킬 수 있다. 문제 풀이를 복기하면 여러 이점이 있다. 우선, 맞힌 문제를 대상으로 내가 풀었던 방법과 해설지의 풀이 방법을 자연스럽게 비교할 수 있다. 더 좋은 풀이 방법이 있었는지, 내가 접근한 방식이 올바른지 등을 확인해보는 것이다. 때로는 이 과정에서 풀이 과정은 틀렸는데 정답만 맞힌 것을 잡아내기도 한다.

또한, 자기가 자신 있게 풀어서 정답을 맞힌 후, 복기 과정을 거치면 아주 오랜 시간 동안 기억에 남는다. 마치 뇌에 새기는 것과 같은 느낌을 받을 수 있다. 인간은 망각의 동물이다. 시간이 지나면 점차 희미해질 수 있는 기억을 복기 과정을 통해 오래도록 붙잡아두는 것이다. 오늘 맞힌 문제를 내가 1년, 2년 후에 똑같이 맞힌다는 보장은 없다. 하지만 맞힌 문제를 복기 과정을 통해 한 번 더 머릿속에 새긴다면, 그 실력과 느낌은 오래도록 여러분의 머릿속에서 살아 있을 것이다.

6

직접 가르치는 것이 최고의 공부법이다

장기기억으로 저장하려면

중·고등학교 친구인 영민이는 별명이 '탄감자'다. 깡마른 체형에 얼굴이 까만 이 친구는 까만 얼굴 덕분에 별명 부자가 되었다.《정글북》의 주인공인 '모글리'를 비롯해서 '탄감자', '꽃제비' 등 애칭이 일반 아이들보다 몇 배는 많았다. 중학교 때는 공부에 전혀 관심이 없던 이 별명 부자는 고등학교에 들어가자 공부를 본격적으로 하고 싶어 했다. 중학교 기초가 전혀 없던 내 친구는 수학 기본서를 아무리 공부해도 알 수 없는 것들이 많았던 것 같았다.

영민이는 주로 나에게 수학 문제를 질문했다. 한 명에게 같은 문제를 여러 번 설명한 건 그때가 처음이었던 것 같다. 별명 부자인 내 친구는 질문도 부자였다. 무슨 말이냐고? 어떤 문제를 모르겠다고 해서 한 번 설명을 해줬는데, 며칠 후에 같은 문제를 또 모르겠다고 나에게 가져온 것이다. 처음에는 약간 화가 났다. 분명히 저번에 설명을 해줬고, 설명해줬을 당시에는 '이제 알겠다'고 얘기를 했었다. 그런데 며칠이 지난 후, 다시 모르겠다고 같은 문제를 질문하니 내가 속으로 좀 짜증이 났었던 것 같다. 어떤 날은 같은 내용을 세 번, 네 번 물어보는 경우도 있었다. 나는 애써 화를 가라앉히며 찬찬히 다시 설명하고는 했다.

그런 식으로 거의 1년 동안 고등학교 1학년 수학을 질문받고 설명을 해줬다. 그러자 나는 신기한 일을 경험하게 된다. 내가 공부한 내용을 다른 사람에게 가르쳐주자 내 머릿속에 개념이 확실하게 새겨진 것이다. 이미 알고 있는 내용도 남에게 설명해주면 더 확실하게 내 머릿속에 남는다. 그리고 더 오래 지속된다.

그중에는 내가 공부했을 때는 '이해했다'고 생각했던 부분이 막상 가르쳐주려고 하자, 중간중간 막히는 부분도 있었다. 나는 어떻게 해서든 내 친구를 이해시켰어야 했기 때문에 내가 먼저 완벽한 이해를 해야만 했다. 내가 이해를 완벽히 해야 친구에게 설명할 수 있었기 때문이다. 알 듯 말 듯한 문제도 내 입으로 설명하니 아주 명확해졌다. 같은 질문을 여러 번 해준 내 친구 덕분에 나는 고1 수학 개념을 더욱 탄탄하게 다질 수 있었다.

미국 행동과학연구소 NTL(National Training Laboratories)은 공부한 지 24시간이 지난 후에 학습 내용을 얼마만큼 기억하는지를 학습 방법별로 연구한 바 있다. 학습 효율 피라미드(Leaning pyramid)라 불리는 이 연구 결과는 강의 중심의 수동적 학습과 학생 중심의 참여 수업의 효율을 아주 잘 나타내고 있다. 이 연구에 따르면 수업을 들은 후 24시간이 지나면 겨우 5%만 기억을 한다고 한다. 학교나 학원 수업을 듣고 복습하지 않으면 24시간 후엔 배운 내용의 5%만 머릿속에 남는다는 충격적인 결과다. 그다음으로 읽기는 10%, 시청각 자료를 활용한 수업은 20%, 시연하는 방법은 30%가량을 평균적으로 기억한다고 한다. 이러한 수동적인 학습 방법은 아무리 시청각 자료를 활용해서 시연까지 한다고 하더라도 100개의 내용 중에 30개의 내용밖에 기억하지 못한다는 것이다.

반면 집단 토의, 연습, 가르치기와 같은 학생 중심의 참여적 학습 방법은 50~90%의 평균 기억률을 나타냈다. 그중에서도 학습 효과가 가장 좋은 것은 단연 '가르치기'다. 공부한 지 24시간이 지난 후에 무려 90%의 내용을 평균적으로 기억한다는 것이

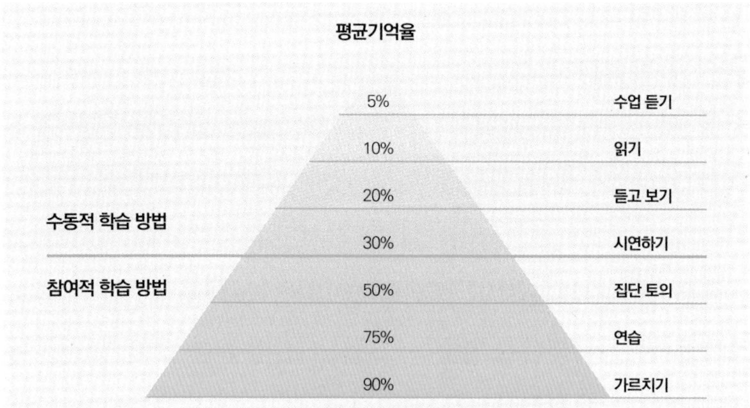

평균기억율

수동적 학습 방법
5% 수업 듣기
10% 읽기
20% 듣고 보기
30% 시연하기

참여적 학습 방법
50% 집단 토의
75% 연습
90% 가르치기

Adapted from National Training Laboratories. Bethel, Maine

다. 가르치기 공부법은 내가 알고 있는 것을 남에게 가르쳐주기 때문에 남한테만 좋은 일을 한다고 생각하기 쉽다. 하지만 사실은 내 머리를 활용하고 내 입을 통해서 설명하는 일은 내 공부를 완성해가는 과정이다.

수학 개념을 공부한 후, 마무리는 반드시 누군가에게 가르치듯이 설명해봐야 한다. 동생을 앉혀놓고 해도 좋고, 벽을 보고 혼잣말을 해도 좋다. 만약 설명이 막히거나 논리적이지 않다는 생각이 들면 바로 그 부분이 '안다고 생각했지만 실제로는 이해하지 못한 부분'이다. 어떤 부분을 완벽히 이해했다면 설명도 완벽해야 한다. 머릿속으로는 약간 애매했던 부분이 말로 설명하다가 정리되는 경우도 종종 있다.

학원 강사처럼 언변이 유려할 필요는 없다. 논리적으로 막힘없이 설명이 가능한 수준이 되었을 때, 개념 학습이 끝났다고 보면 된다. 이렇게 공부하면 수능 때까지 증발하지 않고 머릿속에 저장될 수 있다. 장기기억으로 저장되는 것이다.

말로 설명할 수 없으면 모르는 것이다

보통 수학 강의를 보면, 개념을 설명해주고 대표적인 문제 한두 문제를 강사가 직접 풀어준다. 그럼 그 시범을 본 후에 학생이 뒤이어 비슷한 유형의 문제를 풀어보게 된다. 대부분의 수학 학원과 학교에서는 이런 방식으로 수업을 진행한다. 수학을 가르치는 강사들 대부분은 고등학교 다닐 때 수학을 잘했을 것이다. 그러니까 수학과, 수학교육과를 진학하거나 수학 강사의 길을 선택했을 것이다. 이분들은 웬만하면 개념을 배운 후, 예제 문제 정도는 쉽게 정답을 맞히는 수준이었다. 그래서 많은 수학 강사들은 '방금 배운 개념으로 된 문제인데 왜 못 풀지? 머리가 안 좋은 학생들은 역시 수학에 한계가 있어'라고 생각하며 답답해한다. 그 결과, 대표 유형 문제를 먼저 풀이해주는 만행을 저지른다.

처음 보는 유형의 문제를 만나면 '이 문제는 어떻게 접근해야 할까?, 어디서 어떤 힌트를 얻어야 할까?'와 같이 해결책을 찾기 위해 동분서주하는 과정을 통해 '해결책 찾기 능력'을 키워야 한다. 이렇게 학생 스스로 고민할 기회를 빼앗고 강사가 그냥 유형을 풀어주게 되면 '이런 유형은 이렇게 푸는 거구나' 하고 암기를 하게 된다.

나는 학생들에게 수학 개념 수업을 할 때 개념 설명을 마친 후, 내가 먼저 시범으로 문제를 절대 풀어주지 않는다. 학생이 직접 문제를 가장 먼저 풀어볼 수 있도록 한다. "아니 선생님, 개념만 배웠는데 한 번도 푸는 방법을 배우지 못한 제가 어떻게 문제를 풀 수 있습니까?"라고 반문할 수도 있다. 맞다. 많은 학생들은 처음 보는 문제를 풀 수 없다. 하지만 강사가 시범으로 문제를 풀어주는 순간, 학생들은 '이런 유형의 문제는 저렇게 푸는구나!' 하고 기억력으로(암기로) 문제를 풀게 된다. 그러고 나선 몇 달 후 다시 그 단원을 보면 또 새롭게 느낀다. 그러면 다시 개념 공부를 한다. 기본 문제를 다시 풀어본다. 틀린 문제는 해설지를 보고 '아 이런 거였어? 실수했네' 하면서 그냥 넘어간다. 공부한 것들은 금세 증발해버린다. 몇 달 후 증발해버린 기억을 되찾으려 다시 개념 공부를 하게 된다.

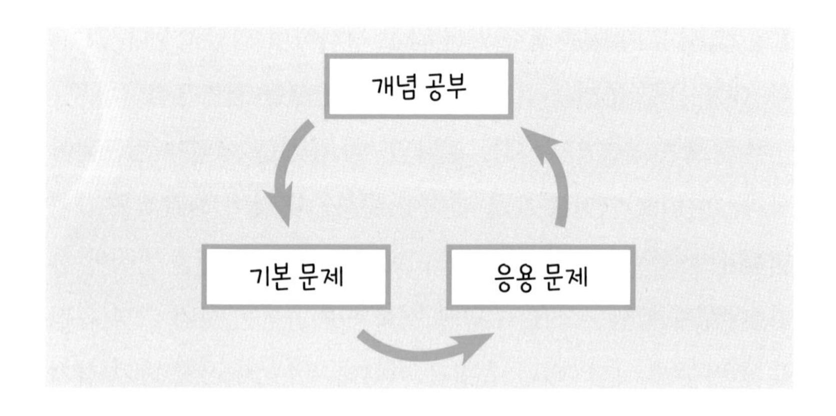

이렇게 다람쥐 쳇바퀴 돌듯이 개념 공부하고, 기본 문제 풀고, 응용 문제 풀다가 막히면 해설지 보면서 이해했다고 착각하고, 공부한 것들이 증발해버린 후 개념 공부부터 다시 하고…. 얼마나 비효율적인 공부 방법인가? 이런 식으로 하면 절대로 1등급이나 만점을 받을 수 없다. 애초에 개념 공부부터 잘못하고 있어서 그렇다.

《탈무드》에 '말로 설명할 수 없으면 모르는 것이다'라는 말이 있다. 내가 남에게 가르치면 개념의 전체적인 흐름을 이해할 수 있고, 내용이 다소 복잡하더라도 온전히 내 것으로 만들 수 있다. 누군가에게 가르치듯이 공부하는 방법은 처음에는 어색하고 시간이 오래 걸릴 수도 있다. 그러나 길게 보면 이 방법이 훨씬 더 효율적이고 더 확실하다는 것을 잊지 말아야 한다. 이 방법은 우리가 공부한 것들을 모두 내 것으로 만들 수 있는 가장 효과적인 학습법이다.

개념 설명을 들은 후에는 반드시 학생이 먼저 스스로 문제를 풀어봐야 한다. 정답을 못 맞힐 수 있다. 하지만 접근 방식을 혼자 시도해보고, 이리저리 궁리하면서 해결책 찾기 능력을 키워야 한다. 그래야만 수학 문제를 기억력이 아닌 실력으로 해결할 수 있다.

문제 풀이는 출제 의도 찾기가 핵심이다

시험 문제 출제자의 관점

수학 시험 문제 출제자의 관점에서 생각해본 적이 있는가? 만약 여러분이 수학 시험 문제를 직접 내야 한다면 어떻게 할 수 있을까? 수학 문제의 출제 방식을 제대로 이해하면 초·중등 고난도 문제, 고등학교 내신, 모의고사, 수능 기출 문제 등을 공부할 때 문제를 바라보는 시야가 한층 더 넓어질 것이다. 먼저, 내신 시험의 문제 출제 방식을 살펴보자.

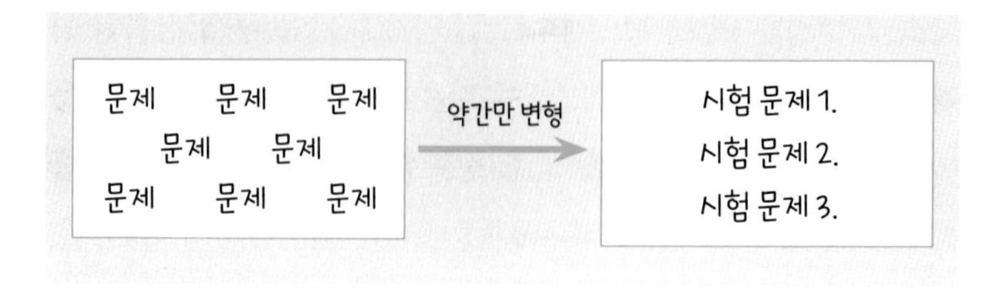

시중에는 수많은 문제집이 있고, 그 문제집에는 수많은 문제들이 있다. 학교 시험 출제자는 이 중에서 적절하다고 생각하는 문제를 고른 후, 약간만 변형해서 시험 문제로 출제한다. 학교 선생님은 내신 시험 문제를 출제하기 위해 모든 문항을 새로 개발할 여력이 없다. 새로운 문제를 출제하기 위해서는 시간 소요가 상당히 많이 된다. 또한, 학생 관리나 처리해야 할 행정 업무도 많다. 수능 출제위원과 같이 별도로 합숙하면서 문제 출제에 집중할 수 있는 환경도 아니다. 따라서 시중의 수많은 문제 중에서 학생을 평가하기에 적합한 문항들을 선별해서 출제하는 방식은 나름의 타당성이 있다.

내신 시험을 준비하는 학생은 시중의 모든 문제집의 모든 유형을 암기하면 시험장에서 똑같은 문제를 볼 수 있다. 물론 시중에 나온 모든 문제집을 푸는 것은 불가능하다. 시중 문제집들은 대부분 비슷한 문제들을 수록하고 있기 때문에 한 권의 문제집을 여러 번 반복해서 완벽하게 마스터하면 여러 권의 문제집을 푼 효과를 볼 수 있다.

최근에는 내신 시험에도 수능이나 모의고사와 같이 생각을 깊이 해야 풀 수 있는 문제들이 꽤 많이 출제되고 있다. 변별력을 높이기 위한 방법으로 내신 시험에서도 수능 스타일의 문제를 자주 만날 수 있다. 따라서 내신 유형 문제집 한 권을 마스터한 후에 수능 스타일의 문제 풀이 연습을 추가하면 만점을 노릴 수 있다(물론 이것만 완벽하게 한다 해도 해야 할 공부량이 상당하다).

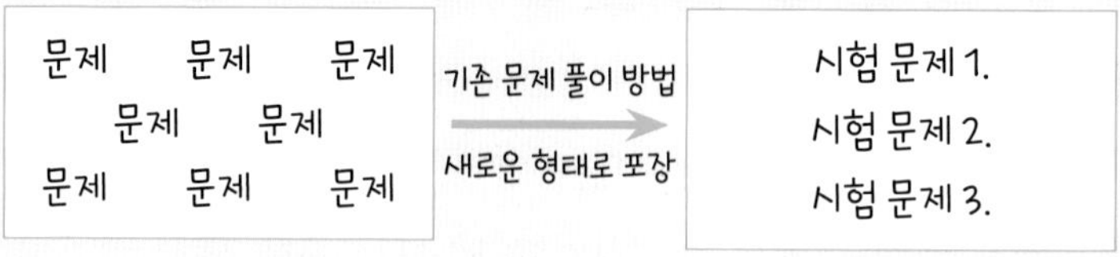

문제 문제 문제
문제 문제
문제 문제 문제

기존 문제 풀이 방법 → 새로운 형태로 포장

시험 문제 1.
시험 문제 2.
시험 문제 3.

수능이나 모의고사 문제는 기본적으로 교과서의 내용을 바탕으로 한다. 교과서에서 제시하는 개념을 바탕으로 하되, 기존 기출 문제와 유사한 풀이 방법을 따른다. 단지 문제의 포장만 새로운 형태 바꾸어 문제가 출제된다. 아직 와 닿지 않는 학생을 위해 쉬운 예를 들어보겠다.

Q1) $1+2+3+4+5+6+7+8+9+10$

Q2) $-1^2+2^2-3^2+4^2-5^2+6^2-7^2+8^2-9^2+10^2$

1번 문제와 2번 문제가 같은 문제라고 하면 믿어지는가? 1번 문제에서 포장만 새로운 형태로 바꾼 문제가 2번 문제다. 2번 문제는 중학교 3학년 때 배우는 '합차 공식'을 활용해서 풀 수 있다. (합차 공식 : $a^2-b^2=(a+b)(a-b)$)

$-1^2+2^2-3^2+4^2-5^2+6^2-7^2+8^2-9^2+10^2$

$=(-1+2)(1+2)+(-3+4)(3+4)+(-5+6)(5+6)+(-7+8)(7+8)+(-9+10)(9+10)$

$=1\times(1+2)+1\times(3+4)+1\times(5+6)+1\times(7+8)+1\times(9+10)$

$=1+2+3+4+5+6+7+8+9+10$

이렇게 2번 문제를 변형하면 결국 1번 문제의 풀이 방법과 같은 결론을 얻을 수 있다. 1번 문제와 2번 문제는 겉으로 보이는 포장만 다를 뿐, 알맹이는 같은 문제라는 것을 알 수 있다. 이렇게 수학은 하나의 기본형을 가지고 표현하는 방법을 바꾸면서 다양하게 변형할 수 있다. 그래서 고난도 문제는 단순히 유형을 암기해서는 안 되고, 접근 방법을 떠올리기 위한 연습을 많이 해봐야 한다. 해설지는 잠시 멀리하고 출제자의 의도를 파악하기 위해 이리저리 궁리해야 한다. 이렇게 해결책을 찾으려 노력하는 과정은 앞으로 포장지만 바뀐 고난도 문제를 해결하기 위한 귀중한 생각의 재료가 되어줄 것이다.

수능 수학 1등급 전략

수능 수학은 총 30문제가 출제된다. 이 중 16개의 문제는 2, 3점짜리이고 14개는 4점짜리 문제가 출제된다. 배점이 높은 4점짜리 문제라고 해서 전부 다 어렵게 출제되는 것은 아니다. 4점짜리 문제 중에서 10문제가량은 개념 학습만 충실히 했다면 충분히 풀 수 있는 평이한 수준이다. 그 외 서너 문제만 어려운 편에 속한다.

객관식의 마지막 21번 문제와 주관식의 마지막 30번 문제는 소위 '킬러 문항'이라고 불리는 초고난도 문제들이다. 킬러 문항은 보통 단일 개념이 아닌 여러 단원의 개념이 혼합된 형태로 출제된다. 그렇기 때문에 수학을 꽤 잘하는 사람도 출제자의 의도를

문제형식	문항번호	배점	난이도	비고
객관식	1	2점	매우 쉬움	
	2	2점	매우 쉬움	
	3	2점	매우 쉬움	
	4	3점	쉬움	
	5	3점	쉬움	
	6	3점	쉬움	
	7	3점	쉬움	
	8	3점	쉬움	
	9	3점	쉬움	
	10	3점	쉬움	
	11	3점	쉬움	
	12	3점	쉬움	
	13	3점	쉬움	
	14	4점	보통	
	15	4점	보통	
	16	4점	보통	
	17	4점	보통	
	18	4점	보통	
	19	4점	보통	
	20	4점	어려움	준 킬러
	21	4점	매우 어려움	킬러
주관식	22	2점	매우 쉬움	
	23	3점	쉬움	
	24	3점	쉬움	
	25	4점	보통	
	26	4점	보통	
	27	4점	보통	
	28	4점	보통	
	29	4점	어려움	준 킬러
	30	4점	매우 어려움	킬러

쉽게 파악하기 어렵다.

킬러 문항의 바로 앞 문항인 객관식의 20번 문제와 주관식의 29번 문제는 킬러 문항에 준하게 어려운 수준이라는 의미로 '준 킬러 문항'으로 불린다. 이 네 개의 고난도 문제가 상위 등급을 결정짓는 중요한 역할을 한다. 보통 킬러 문항 두 문제만 틀리고 나머지 28개의 문제를 모두 맞히면 1등급이다. 킬러 문항 두 문제와 준 킬러 문항 두 문제 중 하나를 틀리면 2등급이라고 보면 된다. 킬러와 준 킬러 문항을 모두 틀리면 3등급 수준으로 보면 된다.

3등급 수준까지는 수학 공식을 외우고 문제 유형을 암기하는 방식으로 공부해도 충분히 올라갈 수 있다. 킬러와 준 킬러 문항을 제외하면 개념을 바탕으로 한 평이한 수준의 문제가 출제되기 때문에 3등급까지는 탄탄한 개념 학습 없이도 도달할 수 있다. 그래서 "선생님, 저는 아무리 공부해도 2등급 이상의 성적이 안 나와요"라고 하는 학생들은 보통 이 덫에 걸려 있다고 보면 된다.

우리가 목표로 하는 대학은 대체로 3등급 이상의 성적을 받아야만 한다. 그래서 우리가 정복해야 할 대상은 궁극적으로 킬러와 준 킬러 문항 네 문제다. 기출 문제 유형 암기로는 이들 고난도 문제를 풀 수 없다. 남에게 설명할 수 있을 정도의 탄탄한 개념 학습이 바탕이 되어야 하고, 시중의 내신 유형 문제집은 통달한 수준으로 만들어야 한다. 그런 다음 수능 기출 문제와 평가원 기출 문제 풀이를 통해 수학적 생각의 재료를 충분히 쌓아두고, '해결책 찾기 능력'을 키워야 한다. 개념 학습부터 수능 기출 문제 풀이까지 악바리 근성을 가지고 수많은 연습을 해야 문제 출제자의 출제 의도를 쉽게 알아차릴 수 있고, 1등급을 넘어 만점에까지 도전할 수 있다.

8

오답노트 정리보다 오답책을 활용하자

강남 엄마들이 열광한 연습장 문제 풀이법

서울의 강남구와 서초구는 대한민국에서 사교육이 가장 활성화된 곳이다. 양질의 학원과 스타 강사, 수많은 과외 선생들이 활동하는 곳이기도 하다. 사교육이 왕성한 만큼 부모님의 눈높이도 상당히 높다. 학습 방향에 관여하는 부모님도 많고, 공부시키는 방식에 이의제기하는 부모님도 있다. 그만큼 자녀 공부에 관심이 많을 뿐더러 실제로 학생의 교과 과정에 대한 이해도도 상당히 높다. 본인의 기준과 맞지 않으면 학원을 바꾸거나 과외 선생을 교체하는 일은 비일비재하다.

이런 사교육의 성지에서 내가 인기 과외 선생으로 올라선 데는 특별한 비법이 있었다. 강남 어머님들에게 큰 믿음을 줬던 첫 번째 비법은 내가 학생에게 숙제를 내주고 검사하는 방식이다. 나는 이른바 '숙제 전용 연습장'을 두 권(1번 연습장, 2번 연습장) 제공한다. 학생은 1번 연습장에 내가 숙제로 내준 수학 문제를 푼다. 그리고 직접 채점을 한다. 틀린 문제는 연습장과 문제집에 표시하고, 스스로 다시 고민하는 시간을 갖는다. 이런저런 시도를 해봐도 풀 수 없을 경우에는 해설지의 도움을 받는다. 앞서 언급했듯이 해설지는 한 번에 쭉 보는 것이 아니라, 맨 윗줄부터 한 줄씩 야금야금 본다. 그러다가 직접 풀어볼 수 있을 것 같으면 해설지 보는 일을 중단하고 다시 문제를 풀어본다. 그러다 다시 막히면 해설지를 또 야금야금 본다. 이렇게 학생은 한 문제씩 혼자 숙제를 수행한다.

이렇게 1번 연습장에 숙제를 해오면 내가 수거해서 학생이 어떤 부분에서 막혔는지, 어떤 실수가 있었는지 등을 파악한 후 다음 수업 때 별표 문제 풀이를 해준다. 1번 연습장을 나에게 제출하면 나는 2번 연습장을 학생에게 주고, 학생은 2번 연습장에 숙제를 해온다. 이런 식으로 연습장 두 권을 활용해서 학생의 약점을 분석하고 구멍난 개념을 수업 시간에 채워줬다. 수업 시간에 숙제를 확인하고 그 자리에서 별표 문제 풀이를 해줄 수도 있다. 하지만 그렇게 하지 않은 이유는 충분히 풀 수 있는 문제임에도 오랜 고민 없이 별표 처리하는 문제를 걸러내고, 학생이 어느 부분에서 막혔는지를 수업 외 시간에 내가 분석해서 알려주기 위해서다. 수업 시간은 한정되어 있고 내가 알려줘야 할 내용은 많기 때문에 최대한 수업 시간을 효율적으로 쓰고자 했다.

내가 내주는 숙제는 반드시 이 연습장에 풀게끔 한다. 학생이 이런 연습장에 문제 풀이를 하면 여러 장점이 있다. 마치 서술형 문제를 풀듯이 풀이 과정을 알아볼 수 있게(예쁘지는 않아도 됨) 쓰면서 풀기 때문에, 학생이 어느 부분에서 막혔는지, 어떤 실수가 있었는지 한 번에 확인할 수 있다. 당연히 서술형 문제 풀이에도 강해지기 때문에 '아는 문제'에서 감점을 당하는 일을 줄일 수 있다.

또한, 줄을 맞춰서 풀이 과정을 쓰기 때문에 잔 실수를 줄일 수 있다. 문제집 귀퉁이에 조그만 글씨로 흘려 푸는 것을 상상해보라. 내가 쓴 계산 과정을 내가 잘못 알아봐서 틀리는 경우도 허다하다. 숫자 6과 0을 헷갈린다든지, 3과 8을 착각해서 풀 수 있는 문제를 틀리면 마음이 얼마나 아프겠는가.

수업 초반에는 숙제를 잘 해오던 학생도 시간이 지나면 서서히 느슨해지기 시작한다. 나는 숙제만큼은 목숨을 걸고 검사했다. 몇 문제만 덜 풀어와도 반드시 그날 해결하게끔 했다. 수업이 끝난 후 남아서 숙제를 하든, 숙제를 끝마친 후 문자 연락을 하든지 간에 목표로 했던 숙제는 어떻게 해서든 달성할 수 있도록 도왔다. 숙제를 안 해오면 쓴소리도 마다하지 않는다. 결국, 공부는 스스로 해야 하기 때문에 스스로 힘을 낼 수 있도록 동기부여가 되는 말들을 자주 해줬다.

학생의 실력과 문제점을 파악하는 데 가장 중요한 것이 바로 숙제다. 단순히 숙제 검사를 하는 것이 아니라, 검사를 통해 학생의 약점을 철저히 분석했다. 문제를 풀 때 접근은 어떻게 하는지, 어떻게 풀어나가는지, 어려운 문제를 어떻게 체크하는지, 오답 풀이는 제대로 하는지 등을 확인하고 부족한 부분을 집중적으로 채우는 방향으로 수행을 진행했다. 이렇게 학생 한 명, 한 명 맞춤형으로 숙제를 내주고, 약점을 보완하니 아이들의 성적은 저절로 올라갔다. 학생이 숙제를 해오면 성적은 자연스럽게 올라갈 수밖에 없다.

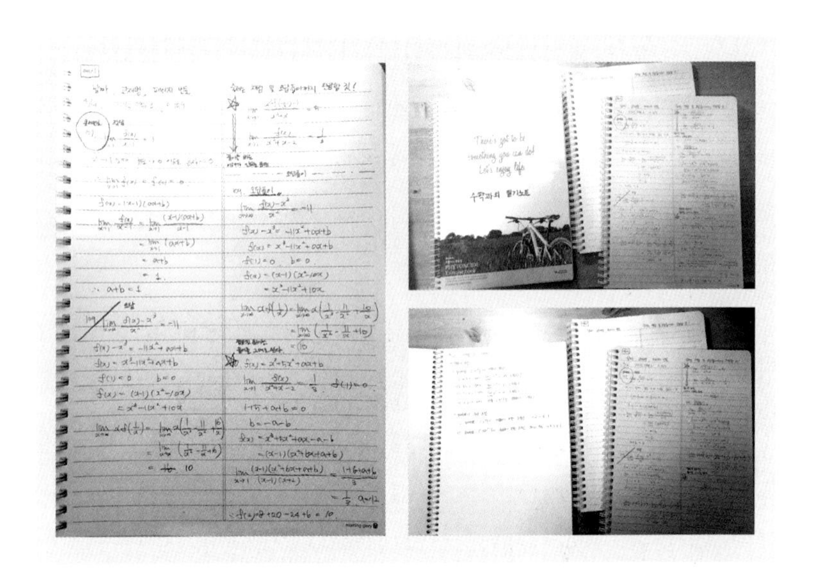

오답관리는 오답책으로

'오답노트'는 꼭 만들어야 할까? 틀린 문제를 관리하고 같은 실수를 반복하지 않으려는 방법으로 오답노트를 활용하고자 하는 학생들이 상당히 많다. 오답노트는 말 그대로 틀린 문제를 기록한 노트를 의미한다. 이 노트의 취지는 틀린 문제를 해설지만 보고 넘기지 말고 왜 틀렸는지, 어떤 부분을 모르는지, 어떤 개념이 부족한지 등을 스스로 돌아보고 복습하는 데 있다.

하지만 이 오답노트를 만들기 시작한 후 수능 때까지 지속하는 학생은 많지 않다. 손에 꼽을 정도다. 나 역시 고3 시절 오답노트를 만든 경험이 있다. 주로 모의고사를 본 후 틀린 문제를 오려서 별도의 노트에 붙였다. 붙인 문제 아래에는 해설지의 내용을 최대한 예쁜 글씨로 베껴 썼다. 덕분에 제작 시간은 더 많이 걸렸다. 내 오답노트는 수능 일주일 전에 완성되었고, 다른 과목 공부할 시간도 부족하다는 핑계와 이런저런 이유로 완성된 오답노트 문제를 끝내 다시 풀어보진 못했다.

오답노트를 만드는 일은 생각보다 시간이 많이 소요된다. 틀린 문제를 그대로 옮겨 적거나 가위로 오려 붙여야 하기 때문이다. 가위로 오린 후 별도 노트에 붙이면 옮겨 적는 것보다는 시간 소모가 적다. 하지만 오린 부분 뒷면에도 틀린 문제가 있다면 결국 뒤쪽 문제는 옮겨 적어야 한다. 해설을 옮겨 적는 일도 역시 시간이 꽤 소요된다. 나처럼 예쁘게 만들고 싶은 학생이라면 더더욱 그렇다.

만약 여러분이 항상 모의고사 1등급을 받는 정도의 견고한 실력이라면 한 번 시험에 틀린 문제가 한두 개일 테니 이렇게 오려 붙이는 방법도 나쁘지는 않다. 하지만 견고한 1등급이 아닌 나머지 96% 이상의 학생들에게는 이런 시간 낭비를 추천하고 싶지 않다. 오답노트를 만들다 보면 시간과 에너지를 많이 쏟게 되니, 차라리 이 시간에 수학 문제를 하나라도 더 푸는 것이 효율적이기 때문이다.

오답노트를 만들지 말라고 해서 오답관리를 하지 말자는 것이 아니다. 오답은 내 수학 실력의 분명한 약점이다. 이런 약점을 보완하기 위해 오답을 관리하는 것은 공부하는 데 필수 중의 필수다. 그렇다면 어떻게 해야 효율적으로 오답관리를 할 수 있을까? 다음에 소개하는 오답관리 방법은 내가 재수 생활을 할 때 시도해서 큰 효과를 본 방법이다. 이후 10년간 학생들에게 적용해서 성적 향상을 이루는 데 아주 큰 역할을 했다.

우선 문제집에는 손을 대지 않고 문제 풀이 전용 연습장에만 문제를 푼다. 몰라서 틀린 문제는 별표 표시, 실수해서 틀렸으면 사선 표시, 맞히긴 했는데 찍은 느낌이 들면 골뱅이 표시를 한다. 맞힌 문제는 동그라미 표시를 해도 좋고, 굳이 안 해도 무방하다. 왜냐면 완벽하게 맞힌 문제는 다시 풀지 않기 때문이다. 틀린 문제의 우측 하단에 정답과 틀린 원인을 적어놓는다. 우측 하단에 표시하라는 이유는 틀린 문제를 다시 풀 때, 왼손이나 포스트잇 등으로 우측 하단을 가리고 문제를 보면 문제와 보기까지 깨끗한 새로운 문제를 푸는 느낌으로 다시 풀 수 있기 때문이다.

문제집은 반드시 새것과 같이 깨끗해야 한다. 풀이 자국도 없어야 한다. 문제집에는 틀린 문제 표시와 틀린 원인만 적혀 있어야 한다. 이렇게 되면 한 권의 문제집 자체가 오답노트가 된다. 이를 '오답책'이라 부른다.

문제집을 1회 풀고 난 후 정답을 제외한 별표, 사선, 골뱅이 표시 문제를 다시 푼다. 두 번째 풀 때도 틀린 문제를 다시 틀릴 확률이 매우 높다. 1회 풀 때와 마찬가지 방식으로 틀린 문제, 찍어서 맞힌 문제를 또다시 표시한다. 이런 방식으로 4회 반복하면 하나의 문제집을 완벽하게 내 것으로 만들 수 있다. 한 권의 문제집으로 네 권 이상의 문제집을 푼 효과를 볼 수 있다. 반복 횟수가 많아질수록 풀어야 하는 별표 친 문제는 갈수록 줄어든다. 따라서 회전 속도가 갈수록 빨라진다. 게다가 쉬운 문제와 내가 확실히 아는 문제는 1회만 풀고 다시 풀지 않으므로 시간 효율 측면에서도 유리하다.

오답은 자기 자신의 분명한 약점이다. 틀린 문제는 또 틀리기 마련이다. 틀린 문제는 해설지만 보고 넘어가지 말고, 틀린 이유를 고치려는 자세를 가져야 한다. 또한, 틀린 원인을 반드시 분석하고 그 원인을 해결하는 습관을 들여야 한다. 이런 약점을 모아서 관리하고 보완하는 일은 효율적인 공부를 위한 필수 과정이다. 오답은 여러분의 약점을 모아놓은 보물창고와 다름없다. 가지고 있는 문제집을 오답책으로 변신시켜서 자신의 약점을 보완하자. 이 방법은 1등급으로 가는 꽃길임이 틀림없다.

노력은 결코 배신하지 않는다

1

너희는 수학의 미래 가치가 얼마라고 생각하니?

밀접하게 연관된 코딩과 수학

2015 개정 교육 과정으로 전국의 초·중·고등학교에서 코딩(Coding) 교육이 의무화되면서 초등학생부터 학부모들까지 코딩을 배우고 있다. 코딩이란 영어 'Code'와 'ing'의 합성어로, Code(코드)를 ing(작성하다)라는 의미를 지니고 있다. 여기에서 Code(코드)는 컴퓨터가 알아들을 수 있는 언어(C언어, 자바, 파이썬 등의 프로그래밍 언어)를 의미한다. 따라서 코딩은 프로그램을 만들어내는 데 필요한 코드(프로그래밍 언어)를 작성하는 것이다. 더 쉽게 말하면 컴퓨터에 명령하는 것으로 생각하면 된다.

4차 산업혁명 시대를 맞이해 코딩의 중요성은 점차 커지고 있다. 미국, 영국, 인도, 싱가포르, 일본, 중국 등 코딩을 포함한 교육을 의무로 시키는 국가가 점차 늘어나는 추세다. 코딩교육은 컴퓨터와 같은 사고를 이용해서 문제 해결 능력과 논리적인 사고를 향상시킬 수 있다는 장점이 있다. 또한, 주어진 문제에서 어떤 특정한 결과를 도출하기 위해 프로그래밍 언어를 이용해서 문제를 해결해나가는 능력을 향상시킬 수 있다. 코딩은 단순히 컴퓨터 공부라기보다는 논리적인 사고 방식과 문제 해결 능력을 높이기 위한 목적이 크다.

코딩하는 데 가장 중요한 것은 알고리즘(algorithm)을 구성하는 능력이다. 알고리즘이란, 주어진 문제를 해결하기 위한 절차, 방법, 명령어들을 모아놓은 것을 뜻한다. 예를 들어, 내가 현지에게 "수학 공부 다 했어?"라고 물어봤을 때, 현지는 "응, 다 했어요"라고 대답했다고 하자. 나는 한 문장으로 간단하게 물어봤지만, 그 문장 속에는 '수학 문제 풀기, 채점하기, 틀린 문제 다시 보기'의 의미가 포함되어 있다. 현지는 내가 물어본 말 속에 이러한 의미가 포함되어 있음을 알고 있다. 이처럼 사람은 말 속에 숨겨진 의미를 유추할 수 있다. 하지만 컴퓨터는 사람처럼 말 속에 숨겨진 의미를 파악하기 어렵다. 정확하게 판단할 수 있는 기준과 처리 순서를 구체적으로 알려주어야만 제대로 명령을 수행할 수 있다.

이런 알고리즘을 적절하게 구성하려면 뛰어난 논리력이 뒷받침되어야 한다. 논리력은 알고리즘을 구성하고 분석하는 데 유용하다. 이런 논리력을 키우기 위해 가장 효과적인 과목이 바로 수학이다.

코딩은 수학의 여러 개념을 직접적으로 활용한다. 함수, 수열, 미분, 적분 등의 개념도 코딩에 활용된다. 대표적인 예로 음성인식 프로그램은 삼각함수를 활용한다. 사람의 음성은 파동으로 표현할 수 있고, 이런 파동의 주파수는 상하로 진동하는 곡선으로 나타낼 수 있다. 이를 수치로 나타낼 수 있는 방법이 삼각함수 그래프다. 삼각함수식을 푸리에 변환(신호를 진동수의 성분으로 분해하는 기법)이라는 수학 기법을 통해 코딩하면 음성인식 프로그램을 만들 수 있다. 이처럼 코딩은 수학과 아주 밀접하게 연관되어 있다. 고차원적인 프로그래밍을 하고자 한다면 수학에 대한 이해는 꼭 필요하다.

우리 삶과 공존하는 수학

코딩 이외에도 수학은 우리 삶의 구석구석에 스며들어 있다. 매일 보고, 만지고, 들여다보는 스마트폰을 통해 우리는 매일같이 수학을 활용하고 있다. 스마트폰의 키보드 자판, 앱, 사진첩에서 '함수'의 원리를 확인할 수 있다. 우선 함수가 무엇인지 알아보자.

함수는 일종의 기계라고 생각하면 이해하기 쉽다. 함수라는 기계에 x라고 입력하면 y가 출력된다. 조금 수학답게 표현을 바꾸면 입력하는 x는 정의역이라고 하고, 출력되는 y를 치역이라고 부른다. 입력 x(정의역)와 출력 y(치역)를 연결하는 것이 바로 함수(function)다.

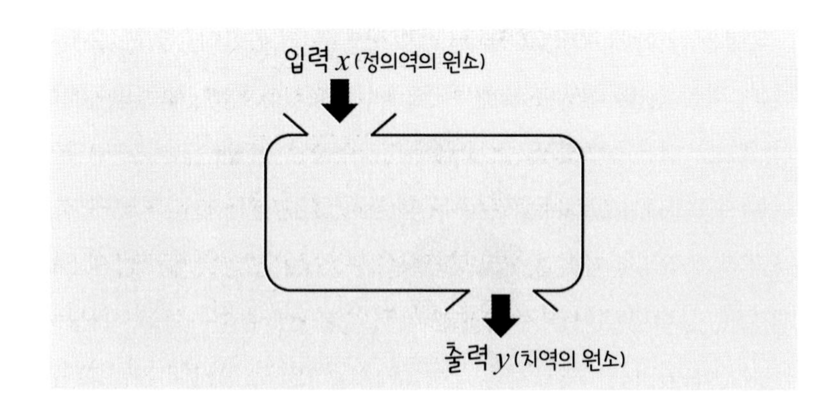

입력과 출력을 연결한다고 해서 모두 함수가 될 수 있는 것은 아니다. 함수가 성립하려면 두 가지 조건을 만족시켜야 한다.

함수의 성립 조건
1. 모든 입력하는 것들은 출력하는 것과 대응해야 한다. 2. 입력하는 것들은 오직 하나의 출력과 대응해야 한다.

스마트폰의 키보드 자판에서 'f'를 누르면 'f'라는 글자가 찍히고, 'r'을 누르면 'r'이라는 글자가 찍힐 것이다. 카메라 앱을 누르면 카메라가 실행되고, 사진첩 폴더를 누르면 사진첩이 실행된다. 키보드 자판이나 앱을 눌렀을 때 아무 반응이 없다면 이건 분명 고장이 난 것이 확실하다. 입력하면 반드시 출력이 있어야 한다. 이것이 함수의 첫 번째 성립 조건이다.

함수의 두 번째 성립 조건은 하나의 버튼을 누르면 오직 하나의 결과만 항상 똑같이 출력되어야 한다는 것이다. 만약 키보드 자판에서 'f'를 눌렀는데 아까는 'f'가 찍혔다가 이번에는 'k'가 찍힌다면 이 기계는 문제가 있는 것이 확실하다. 사진첩 폴더를 눌렀는데 어떨 때는 사진첩이 잘 실행되고, 어떨 때는 헤어진 여자친구에게 전화가 걸린다면 얼마나 황당하겠는가.

빨래를 하려고 세탁기를 돌렸다. 헹굼이 완료된 후에 탈수 버튼을 눌렀는데 다시 헹굼이 된다면 어떨까? 자동차를 운전하는데 신호등 빨간불이 들어와 브레이크를 밟았다. 그런데 아까는 잘 멈췄었는데 이번에는 속력이 올라간다면 어떻겠는가? 하나의 버튼(입력)을 누르면 오직 하나의 결과(출력)와 대응해야 한다는 것은 이런 의미다.

스마트폰, 자동판매기, 세탁기, 자동차, 현금 인출기…. 이 세상에 존재하는 모든 기계가 갖춰야 할 기본적인 조건이 바로 함수다. 함수의 원리 덕분에 우리는 기계를 이용해서 더 윤택한 삶을 살 수 있다. 이렇게 내 삶과 밀접하게 연관된 함수를 학생들은 몹시 어려운 방식으로 공부한다.

'정의역은 주어진 함수에 대해 그 함수가 정의되는 모든 수의 집합을 말하고, 치역은 함수가 취하는 값 전체의 집합을 일컬으며….'

이렇게 정의를 달달 외우면 금세 까먹고 증발한다. 수학은 어렵다며 흥미를 잃게 된다. 하지만 일상 속에서 함수가 어떻게 쓰이는지를 이해한다면 왜 정의역 x는 오직 하나의 출력에만 대응해야 하는지를 외우지 않고도 말할 수 있을 것이다.

우리는 기술의 발전으로 하루가 다르게 발전하고 있는 4차 산업혁명 시대에 살고 있다. 4차 산업혁명이 태동할 수 있는 배경에는 정보통신 기술의 발전이 있었다. 이 시대의 대표적인 키워드로는 인공지능, 증강현실, 빅데이터, 코딩, 프로그래밍 등을 꼽을 수 있다. 4차 산업혁명 시대에 가장 필요한 학문은 무엇일까? 물리학, 생물학, 공학 등등 여러 답이 나올 수 있다. 이러한 학문의 기본이 되는 것은 바로 수학이다.

인공지능에는 미분, 적분, 벡터, 확률 등이 활용되고, 빅데이터는 근본적으로 통계학을 바탕으로 한다. 다시 통계학은 수학을 그 근본으로 한다. 증강현실에는 3차원의 물리적 현상을 나타낼 수 있는 벡터가 활용된다. 또한, 컴퓨터에 명령을 내리는 의미의 코딩에는 함수, 수열, 미분, 적분 등이 활용된다. 우리가 매일 보고 만지는 스마트폰과 컴퓨터에도 수학적 개념이 녹아 있다. 수학을 공부한다는 것은 우리가 살아가는 삶에 대해 좀 더 알아가는 과정이다. 수학은 우리 삶과 아주 많은 부분에서 공존하고 있다.

2

입시 로드맵을 작성하라

다양한 입시 구조에 대응하는 두 가지 전략

수시 모집, 학생부 종합 전형, 학생부 교과 전형, 논술 전형, 특기자 전형, 정시 모집까지 대학에 들어가는 방법은 다양하다. 2000년대 초까지만 해도 수능 총점으로 줄 세워서 학생을 선발하는 경우가 많았다. 이공계열을 지원하든 상경계열을 지원하든 영어 10점과 수학 10점은 동등했다. 하지만 최근에는 대학별·전공별로 입시에서 반영하는 과목과 가중치가 다르다. 내신은 몇 퍼센트, 수능은 몇 퍼센트, 논술은 몇 퍼센트 하는 식으로 반영 비율도 상이하다. 대학이 수능 총점만 보는 시대에서 이제는 다양성의 시대로 전환된 것이다.

이런 입시 구조에 대응하는 전략으로는 크게 두 가지가 있다.

첫 번째는 모든 경우의 수를 다 준비하는 것이다. 내신, 비교과, 수능은 물론이고 제2외국어, 토익, 토플, 한자 능력검정, 한국어 능력검정까지 준비하는 것이다. 대학에서 선발하는 전형이 다양한 만큼 준비할 수 있는 것들 또한 그만큼 다양하다. 모든 것을 다 준비하는 방법은 확실히 안전한 방법이다. 하지만 이 모든 것을 수능을 대비하는 수준으로 준비하기엔 막대한 시간과 노력이 필요하다. 굉장히 비효율적인 방법이다.

실제로 강남에서는 토플(TOEFL, 공인 영어시험 중 하나)을 공부하는 고등학생이 상당히 많다. '옆집 아이가 토플을 하니까' 불안해서 하는 경우도 있는데, 이런 식으로 공부하면 곤란하다. 토플에서 고득점을 받으면 대학에 입학할 수 있는 '특기자 전형'이 있다. 학생이 영어에 소질이 있고(또는 좋아하고) 토플에서 고득점을 받아 특기자 전형을 지원하는 방법을 고려한다면 토플을 공부해도 좋다. 하지만 이런 고려 없이 '혹시 몰라서' 토플을 공부한다면 그 시간에 수학 문제를 푸는 것이 훨씬 더 효율적인 공부가 될 것이다.

다양한 입시 구조에 대응하는 두 번째 전략은 빠른 시간 내에 대학과 전공을 선택해서 맞춤형으로 공부하는 방법이다. '맞춤형'이라고 해서 다른 공부는 다 접고 토플에만 집중하거나, 내신은 포기하고 정시에만 집중하는 전략은 아니니 오해하지 마시라. 이 전략은 골고루 공부하되 내가 가고 싶어 하는 대학에서 가중치를 두는 과목에 더 시간을 할애하고 집중하는 방법이다. 내가 목표로 하는 대학에서 보는 과목을 우선해서 공부하는 것이다. 그리고 남들이 자격증, 제2외국어, 토플 등을 공부할 때, 내가 목표로 하는 대학에서 보지 않는다면 주변의 이런저런 이야기들에 신경을 끄는 전략이다.

이 전략은 가뜩이나 공부만 하기에도 시간이 부족한 상황에서 효율적으로 공부에 집중할 수 있는 방법이다. 그리고 복잡한 입시 제도 속에서 나의 길을 찾아 선명하게 공부하는 방법이기도 하다. 역전을 꿈꾸는 대다수 중·하위권 학생들에게는 필수적인 전략이다.

예전에는 대학과 전공을 수능 시험이 끝나면 받은 점수에 맞춰 정했다. 학생의 성향, 추구하는 가치, 좋아하는 것을 반영하기보다는 받아놓은 점수에 맞춰 '되는 대로' 선택하는 경우가 많았다. 고3 담임을 10년 넘게 한 학교 선생님도, 노량진 재수 전문학원의 노련한 선생님도 학생이 받은 수능 성적을 가지고 '배치표'에서 "네가 받은 점수는 몇 점이니까 갈 수 있는 대학은 여기쯤 되네"라고 찍는 방법이 유일했다. 이 방법은 내가 입시를 준비할 때나 지금이나 변하지 않고 있다. 이럴 거면 컨설팅을 왜 하는지 모르겠다. 배치표 던져주고 알아서 하라고 하면 될 일 아닌가.

입시 컨설팅은 수능 시험이 끝나고 할 것이 아니라 컨설팅을 하려면 고1, 고2 때 해야 한다. 진로 컨설팅은 빠르면 빠를수록 좋다. 이른 시기에 목표 대학과 전공을 정해놓고 꿈에 맞춰서 공부해야 한다. 대학과 전공을 미리 정하는 것도 수학과 영어를 공부하는 것 이상으로 중요한 '교과목'이라고 생각해야 한다.

입시 로드맵 작성법

입시전략을 세우려면 목표로 하는 대학과 전공을 정해야 한다. 많고 많은 전공 중에 왜 그 전공을 선택했는지는 이유가 있다. 바로 직업과 연결되기 때문이다. 명확한 꿈이 있다면 가장 좋다. 하지만 그렇지 않을 경우, 내가 원하는 직업을 고르려고 하면 막연할 수 있다. 이럴 때는 자기 자신이 좋아하는 것, 상상만 해도 가슴 뛰는 것이 무엇인지 생각해봐야 한다. '내가 좋아하는 것으로 어떻게 돈을 벌 수 있을까?', '어떤 직업이 있을까?'라고 생각하고 찾아봐야 한다. 이런 과정은 입시 전략뿐만 아니라 청소년의 인생을 설계하는 데도 도움이 된다.

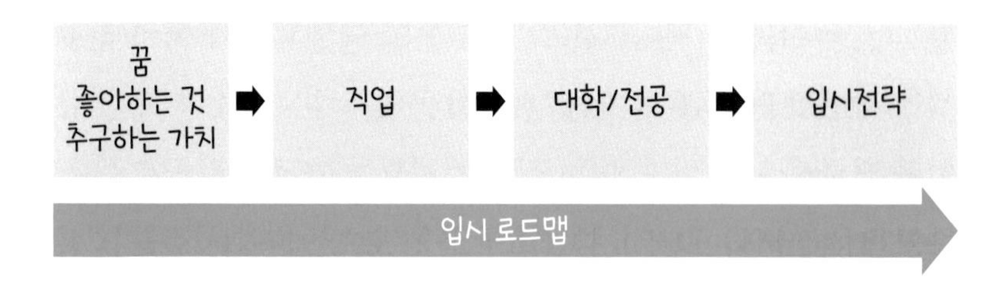

사람이라면 누구나 행복해지고 싶다는 생각을 한다. 인생의 목적은 행복 추구라고 해도 과언이 아닐 것이다. 행복은 감정의 문제이자, 기분의 문제다. 온종일 밥을 못 먹고 굶다가 밥을 먹었을 때, 몇 주간 시험공부를 하다가 시험이 끝났을 때 우리는 '행복하다'는 감정을 느낀다. 또는 사랑하는 대상에 관한 관심으로 가슴이 설레거나 스스로에 대한 자부심으로 충만할 때 '행복하다'는 감정을 느낀다. 이렇게 행복감과 쾌감을 지속시켜줄 수 있는 일을 찾아 직업으로 선택해야 한다.

나 같은 경우에는 많은 사람 앞에서 발표하고, 진행하고, 주목받는 일에 쾌감을 느낀다. 그리고 내가 지도한 학생이 성적 향상을 이뤄내서 감사하다고 이야기해줄 때 아주 큰 행복감을 느낀다. 열심히 한 만큼 성과와 보상이 뒤따라오는 것을 좋아한다. 그래서 수학 강사라는 직업을 선택했다.

성인이 되어 직업을 가지게 되면 직장에서 보내는 시간은 가족들과 보내는 시간보다 훨씬 많아진다. 평일에는 하루 중 가장 오랜 시간을 보내는 곳이 바로 직장이고, 그곳에서 내가 하는 일이 직업이다. 내가 좋아하는 일을 하면서 돈도 벌 수 있는 일이 내 직업이라면 얼마나 좋겠는가. '내가 추구하는 가치는 무엇인가?', '나는 어떤 일을 할 때 쾌감을 느끼는가?'라는 질문에 답을 할 수 있어야 한다.

내가 추구하는 가치를 찾았다면 그에 맞는 직업을 선별해야 한다. 희망 직업은 여러 개를 선택해도 좋다. 주의할 점은 유망하다고 알려진 직업을 무조건 따라가는 것이다. 지금 유망해 보이더라도 대학을 졸업하고 사회에 나가는 순간에는 유망하지 않을 수도 있다. 아니면 자신의 적성과 정말 맞지 않을 수도 있다. 의사가 고수익에 전문직이라고 해서 의대에 갔더라도, 손에 피를 묻히거나 온종일 아픈 사람만 상대하는 일이 너무나도 힘들 수도 있는 일이다.

내가 잘하는 일을 선택하기보다는 좋아하는 일을 선택하길 바란다. 지금 잘하는 일이 나중에도 잘하라는 법은 없다. 하지만 좋아하는 일은 포기하지 않을 확률이 높고, 그 일을 지속하면 결국엔 잘하게 될 확률도 크기 때문이다. 수학을 잘 못한다고, 수학이 싫어서 이과를 피하는 일은 없길 바란다. 좋아하는 일과 관련된 직업이 이과에 있다면 하고 싶은 일을 하기 위해 정면돌파하는 것이 맞다.

내가 추구하는 가치와 연결되는 직업을 골라내기 위해서는 여러 직업에 대한 다양한 정보가 필요하다. 인터넷에서 정보를 얻어도 좋고, 주변 사람(부모님, 부모님의 지인, 친구 부모님 등)에게 직·간접적인 정보를 구해도 좋다. 워크넷(www.work.go.kr)에는 800가지가 넘는 우리나라의 대표 직업에 대한 정보가 소개되어 있다. 어떤 직업이 하는 일과 그 일을 하기 위해서는 어떤 자격이 필요한지, 어떤 특성을 지니는지 소개해놓았다고 하니 참고하면 도움이 될 것이다. 할 수 있는 한도까지 최대한 정보를 수집하되 기한을 정해놓고 찾길 바란다. 일단은 정해놓은 기한까지 찾은 직업 중에 선택하고, 나중에 다른 직업이 마음에 들면 그때 가서 바꿔도 된다.

직업을 정했으면 이제 목표 대학과 전공을 정해야 한다. 목표 대학은 될 수 있으면 최상위권 대학으로 하는 것이 좋다. 100점을 목표로 해야 100점을 받거나 80점을 받을 수 있다. 80점을 목표로 했는데 100점을 받는 경우는 아주 드물다. 높은 목표를 잡아야 그에 걸맞은 노력이 뒤따라오게 된다. 대학은 세 군데 정도 정하고, 이 대학에 떨어지면 재수한다는 각오로 마지노선 대학도 같이 정하자. 사람은 목표에 맞게 공부하기 때문에 마지노선도 너무 낮게 잡아서는 안 된다.

전공을 선택할 때도 충분히 알아보고 골라야 한다. CEO가 되고 싶다고 무조건 경영학과를 고르지는 않길 바란다. 2019년 코스닥협회의 '코스닥상장법인 경영인 현황'을 살펴보면 1,331개 회사 중 CEO들의 전공 계열은 이공계열이 45.4%로 가장 높았다. 그 뒤로는 상경계열(38.5%), 인문사회계열(8.5%) 순이었다.

전공을 정할 때는 내가 고른 직업이 어떤 전공과 가장 잘 연결되는지를 봐야 한다. 관심 학과에 다니는 선배에게 조언을 구하는 것도 좋다. 업계에 몸담은 지인이 있다면 적극적으로 활용하자. 그리고 내가 갖고 싶은 직업의 롤모델을 정해서 그 사람의 학력 정보를 살펴보자. 느낌적인 느낌으로 고르지 말고 꼭 여러 방면으로 조사한 후에 결정하는 것이 좋다.

입시 전략은 효율적인 공부에 꼭 필요하다. 전략이라고 해서 꼭 전문가의 도움을 받아야만 되는 것은 아니다. 대학 홈페이지에 가면 '모집 요강'이 있다. 여기에는 전형계획, 수시 모집과 정시 모집에 대한 상세한 내용이 담겨 있다. 매년 바뀌더라도 큰 틀에서는 쉽게 변하지 않는다. 따라서 고1, 고2 때 일찍 만들어놓고 변경되는 내용이 있으면 수정하는 것이 바람직하다. 하나의 표로 정리해놓으면 목표 대학과 학과가 시각화되어서 스스로 동기부여를 받으며 힘을 낼 수 있다. 입시 로드맵의 예시는 지면에 싣기 어려워 내가 운영하는 네이버 카페 〈역전수학연구소〉에 공개해 놓았다. 입시 로드맵을 작성할 때 참고하길 바란다.

이렇게 추구하는 가치와 직업을 정하고 각 대학의 전공과 입시 전형을 모으면 나만의 맞춤 입시 로드맵이 완성된다. 입시 로드맵을 작성하는 일은 직접적인 공부가 아니라고 해서 절대로 필요 없는 시간 투자가 아니다. 효율적인 공부를 위해 꼭 필요한 과정이다.

자신이 추구하는 가치를 바탕으로 직업을 선택하고, 직업에 알맞은 전공을 선택해서 입시 로드맵을 그리는 과정은 여러분의 대학 입시를 가시밭길이 아닌, 꽃길로 안내할 것이다.

3

자신에게 주어진 공부라는 기회를 꽉 움켜쥐어라

학생 스스로 세우는 계획

내가 처음 수학 과외 지도를 시작했을 당시에는 학생들의 공부 계획에 관여하지 않았다. 오직 수업을 잘하는 일에만 몰두했었다. 수학 개념을 알아듣기 쉽게 설명해주고, 잘 이해시키는 일에만 중점을 뒀다. 결과가 나쁘지는 않았다. 내 학생들은 대체로 성적이 완만하게 올랐다. 하지만 짧은 시간 내에 급상승하지는 못했었다.

나는 숙제를 내줬고, 당연히 검사도 했다. 처음엔 모진 말도 잘 못 했지만, 경험이 쌓이다 보니 동기부여를 위한 자극이 되는 말도 곧잘 해주고는 했다. 대부분의 아이들은 고맙게도 나를 잘 따라줬다. 하지만 수학을 공부한다는 것은 어렵기도 하고 끈기와 인내가 필요한 일이다. 숙제를 잘 해오다가도 시간이 지날수록 느슨해지는 경우가 많았다.

안 되겠다 싶었다. 나를 잘 따르고 믿어 의심치 않는 이 아이들의 성적을 단기간에 1~2등급으로 바꿔주고 싶었다. 학생들이 열심히 하는 만큼 성적 향상이 자연스럽게 뒤따르게 하고 싶었다. 그래서 계획표를 만들도록 시켰다. 나와 학생이 상의하며 학생이 지킬 수 있는 수준으로 계획을 세웠다.

'계획'이라는 단어는 상당히 무게감이 있다. 스스로와의 약속을 정리한 것이 계획이다. 그래서 계획을 세우면 스스로 시간을 효율적으로 활용하게 된다. 학생들이 스스로 세운 계획을 하나씩 지켜나갈수록 집중력은 높아졌고, 지속력도 향상됐다. 지금은 내가 수업하는 모든 학생들이 나와 상의하며 자신만의 공부 계획을 세운다. 한번 세운 계획은 상황에 따라 계속해서 수정되지만, 이리저리 수정하더라도 지속해나가는 것이 중요하다.

계획은 언제까지 어떤 과목 공부를 얼마만큼 하겠다는 선언이자, 약속이다. 그래서 계획을 세우면 '시험 기간 효과'를 볼 수 있다. 평소에는 공부가 잘되지 않다가도 시험 기간에는 공부 능률이 높아진 경험은 다들 한 번쯤 있을 것이다. 그 이유는 시험 날까지 그 공부를 해야만 하기 때문이다. 계획 덕분에 매일, 매주 시험 범위를 부여받는 느낌을 받을 수 있다. 따라서 집중력이 향상될 수밖에 없다. 계획한 공부량을 빨리 끝냈다면 미련 없이 쉬는 것을 추천한다. 그러면 다음 날이나 다음 주에는 쉬거나 놀기 위해 더 열심히 공부하게 되는 효과도 볼 수 있다.

계획을 세울 때는 장기 계획과 단기 계획을 동시에 세워야 한다. 장기 계획은 최소 한 학기 이상의 기간으로 세운다. 단기는 한 주나 하루 단위의 계획을 말한다. 3년간의 입시 계획을 1년 단위의 계획으로 나누고, 1년 단위의 계획을 1학기, 여름방학, 2학기, 겨울방학 순으로 나눈다. 그런 다음 주별 계획으로 세분화한 후, 하루 단위의 계획을 세우도록 한다.

수학 공부 계획을 세울 때는 꼭 매일 공부하지는 않아도 된다. 월, 수, 금, 토요일과 같은 식으로 굳이 연속성은 없어도 된다. 대신 일주일 단위로는 얼마만큼씩 공부할지 분량을 꼭 정하는 것이 좋다. 여기에서 공부란, 인터넷 강의를 듣는 것이 아니라 직접 개념을 학습하고, 남에게 설명할 수준으로 만드는 과정을 말한다. 문제 풀이를 구경하는 것이 아니라 내가 직접 손으로 써서 문제를 푸는 것을 말한다.

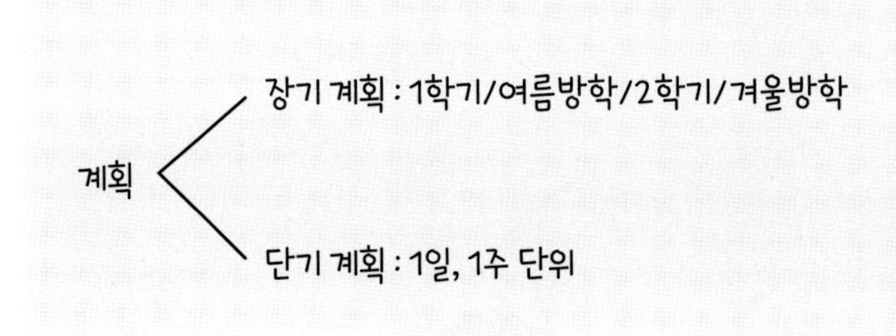

분량 기준 계획 vs 시간 기준 계획

하루 단위의 계획을 세우는 방법에는 두 가지가 있다. '분량'을 기준으로 하는 방법과 '시간'을 기준으로 하는 방법이다. 결론부터 말하자면 계획은 반드시 '분량'을 기준으로 해야 한다. 분량을 기준으로 하는 계획은 하루 단위의 계획에 과목, 목표량, 책의 쪽수만 쓰여 있다. 오늘은 영어 단어 50개, 수학 ○○ 문제집 30페이지까지, 국어 비문학 10문제…. 계획한 분량을 일찍 마치면 쉬거나 놀아도 좋다. 이는 집중력과 실천력을 높일 수 있는 유일한 방법이다. 또한, 제풀에 지치지 않을 수 있는 방법이기도 하다.

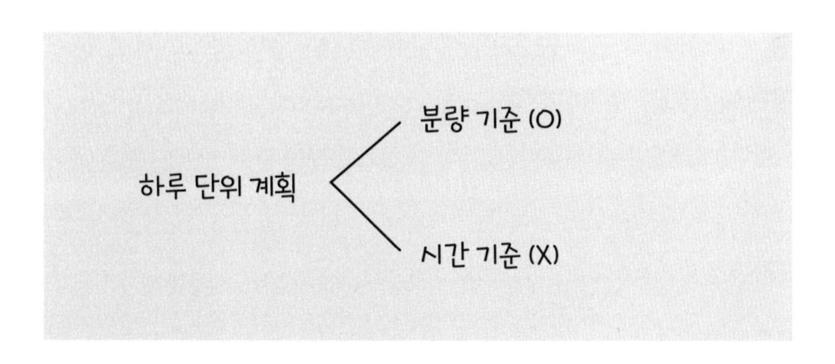

반면 '시간'을 기준으로 하는 계획은 예를 들면 이런 식이다. 7시 기상, 8시~10시에 영어 인강 듣기, 10시~12시에 수학 문제 풀이…. 시간을 기준으로 계획을 세우면 계획과 어긋나는 일이 자주 발생한다. 7시에 기상하기로 했는데 7시 5분에 일어났다면 시작부터 어긋난 셈이 된다. 8시부터 10시까지 독서실에서 영어 인터넷 강의를 들을 계획이었는데 인강 사이트에 장애가 생겨 못 듣게 되었다면 또 계획에 차질이 생겼다. 시간을 기준으로 하면 내 의지와는 상관없이 계획을 못 지키는 일이 자주 발생할 수 있다.

시간, 분, 초 단위로 쪼개서 계획을 세워 놓으면 굉장히 뿌듯할 수는 있다. 하지만 그렇게 시간으로 쪼갠 계획은 지키지 못하는 경우가 훨씬 많다. 결국, 계획을 못 지키는 자신의 모습을 자주 발견하게 되고, 자책하게 된다. 급기야 마음이 불안해지면서 계획을 폐기한다. 계획 없이 마음 가는 대로 '오늘은 수학이 당기니 수학을 공부해볼까?' 하는 식으로 마구잡이 공부를 하게 된다.

분량을 기준으로 하는 계획은 아침에 늦게 일어났다면 그만큼 늦게 자면 그만이다. 영어 인강 사이트에 접속이 안 된다면 국어 공부를 먼저 하고 저녁에 영어 인강을 들으면 된다. 시간 기준의 계획표보다 여유 있어 보이지만 훨씬 유연하다. 그래서 계획을 지킬 확률이 더 높다. 한두 번 계획을 지키고 나면 계속해서 지키고 싶은 마음이 커진다. 연속성을 깨지 않기 위해 더 열심히 계획을 지키고자 노력한다. 최상위권 학생들이 계획을 잘 실천해서 성적 향상을 이룬 것은 단지 그들의 '의지력'이 높아서만은 아니다. 잘 실천할 수 있는 '좋은 계획'을 세웠기 때문이다.

분량 위주의 계획표는 집중력 향상에도 도움을 준다. 만약 '오후 2시부터 4시까지 수학 공부'라는 계획을 세웠다고 가정해보자. 보통은 2시부터 시작하기로 한 수학 공부를 그 이전에 시작하는 일은 드물다. 그리고 4시까지는 꼼짝없이 책상에 앉아 있어야 한다. 집중하든 딴짓을 하든 무조건 2시부터 4시까지 책상에 앉아 수학책을 펴고 있었으면 놀랍게도 계획대로 된 셈이다. 이런 방식에서는 집중력과 계획이 무관하게 된다. 만약 5시부터 게임을 하는 쉬는 시간이 예정되어 있다면 그 시간만 기다리며 공부로 계획한 이 시간이 어서 흘러가기만을 바랄지도 모른다.

반면 '오늘 수학 2단원 B단계 30문제 풀이'가 계획이라면 어떻게든 빨리 끝내고 쉬거나 게임을 할 수 있다. 정해진 분량 계획을 달성하면 그때부터는 자유시간이다. 그래서 오후의 자유 시간을 위해 오전부터 고도의 집중력 발휘가 가능하다. 만약 오전에 딴짓하며 시간을 흘려보냈다면 오후엔 계획된 분량을 소화하느라 굉장히 고통스러운 하루를 보내게 될 것이다. 다음 날엔 전날의 고통을 피하고자 오전부터 계획된 분량을 서둘러 끝내려고 노력할 것이다. 이처럼 분량을 기준으로 하는 계획은 집중력 향상에 특효약이다.

수많은 학생들을 가르치며 최상위권 학생들도 많이 만나게 되었다. 계획을 세우는 면에서 이 최상위권 학생들은 굉장한 현실주의자였다. 바로 자신의 게으름을 정확히 간파하고 있었다. 최상위권 학생들의 계획은 겉으로 봤을 땐 허술해 보였다. 월요일부터 토요일까지 계획을 분량 위주로 세운 다음, 일요일에는 비어 있는 계획이 많았다. 이유를 물으니 한결같이 말하기를 한 주간 계획한 목표를 완벽하게 달성하지 못할 것이기 때문에 못 지킨 계획들을 모아서 이날 처리한다는 것이었다.

하루, 이틀 계획에서 어긋날 수 있다. 하지만 한 주로 봤을 때는 계획을 달성하는 방법이다. 한 주는 계획에서 어긋나더라도 한 달 기준으로 보면 계획을 달성하는 전략이다. 결국엔 계획을 달성하게 만드는 전략! 바로 일주일에 하루는 계획에 여유를 둬서 못다 한 계획을 처리하는 것이다. 이렇게 계획에 의도적으로 '공백'을 두어야 계속해서 계획을 지켜나갈 수 있다. 지속적인 목표 달성은 지속적인 성취감을 가져다준다.

계획은 장기 계획과 단기 계획을 나누어 세우고, 시간이 아닌 분량을 기준으로 자신에게 알맞은 계획을 수립해보자. 거대한 목표만 세우면 엄두가 나지 않는 경우가 많다. 반드시 오늘의 목표를 세우자. 하루하루 계획한 분량을 조기 달성하기 위해 집중력을 높여보자. 지속적인 노력의 열매는 상상 이상으로 달콤할 것이다.

'오늘의 불행은 언젠가 내가 잘못 보낸 시간의 보복이다'라는 나폴레옹의 명언을 되새기며, 자신에게 주어진 공부라는 기회를 꽉 움켜쥐길 바란다.

4

공부할 수 있는 지금, 치열하게 공부하라

공부 리듬을 방해하는 세 가지 요소

앞서 소개한 내용을 통해서 이제 여러분은 나만의 입시 전략을 정리한 맞춤형 '입시 로드맵'과 지속적인 목표 달성을 위한 '계획표'를 가지게 되었을 것이다. 그리고 실질적인 성적 향상을 이끌어줄 '수학 공부법'까지 알게 된 상태일 것이다. 이제 굳건한 마음으로 공부를 지속해나가기만 하면 되는 상황이다. 효율적인 공부를 위한 모든 준비가 끝났다고 생각하는 이 순간, 의외의 변수로 인해 공부 리듬을 잃어버릴 수 있다.

갑자기 울리는 휴대전화 소리, 친구들과의 카톡, 방금 업로드한 인스타, 쓸데없이 말을 거는 내 친구, 독서실 옆에 앉은 사람이 내는 기침 소리, 저쪽에서 들려오는 달그락거리는 소리, 갑작스레 쏟아지는 졸음, 조금 전 휴식 시간에 봤던 게임 영상, 지금

눈앞에 있는 수학 문제를 푼다고 해도 성적이 오르지 않을 것 같다는 생각….

별로 대수롭지 않게 넘겨도 될 것 같은 이러한 것들이 나의 공부 리듬을 방해하는 경우가 상당히 많다. 이는 곧 집중력 저하로 이어지게 된다. 공부하는 데 집중력은 올바른 공부법만큼 상당히 중요하다. 따라서 공부에 방해가 되는 요소들은 절대로 대수롭지 않게 넘겨서는 안 된다. 우리는 최대한 효율적으로 공부해서 성적을 '향상'시키는 데 초점을 맞추고 있다. 성적 향상에 방해가 되는 것들은 사전에 차단하는 것이 바람직하다.

공부 리듬을 방해하는 요소로는 크게 세 가지로 나눌 수 있다. 주변 환경, 마음, 습관이다. 주변 환경은 학생이 공부할 때 영향을 미칠 수 있는 학습 환경을 말한다. 가장 대표적인 것이 휴대전화다. 휴대전화 하나로 대단히 많은 것들을 할 수 있다. 웹서핑, SNS, 전화, 카톡, 문자까지 휴대전화로 할 수 있는 대부분은 공부에 부정적인 영향을 끼치는 것들이다. 물론 인강을 듣거나 사전을 찾아볼 수도 있다. 하지만 보통 사전을 찾아보려고 휴대폰을 켜는 순간, 실시간 검색어를 클릭하거나 친구에게 온 카톡을 확인하며 채팅방에 입장하는 자신을 발견하게 될 것이다. 휴대전화 이외에도 친구와의 잡담이나 주변의 소음도 공부를 방해할 수 있는 대표적인 주변 환경에 속한다.

수험생 자신의 마음도 공부를 방해할 수 있다. 공부 시간에 문득문득 떠오르는 공부와 무관한 생각이 집중력을 저하시킬 수도 있다. 또한, 공부를 열심히 하려는 의지가 점점 작아지는 것이나 패배 의식도 학습에 나쁜 영향을 미친다. 마음도 마치 자석처럼 부정적인 생각은 부정적인 결과를 끌어당긴다.

습관은 수험생의 평소 생활을 말한다. 대표적인 것으로 수면습관과 생활 습관을 꼽을 수 있다. 특히 학생들은 수면 습관에 상당히 관심이 많다. 잠을 실컷 자면 안 된다는 생각이 대부분의 학생들에게 인식되어 있다. 대부분 잠을 적게 자면서 공부해야 한다고 생각하지만, 부족한 수면 시간은 오히려 수업 도중 졸거나 집중력 저하로 이어지게 된다.

공부 리듬을 방해하는 3가지 요소
1. 주변 환경 : 휴대폰, 친구, 소음 2. 마음 : 약한 의지, 부정적인 생각 3. 습관 : 수면 습관, 생활 습관

공부에 방해되는 요소들은 수험 기간에는 될 수 있으면 없애고 바로잡아야 한다. 가장 문제가 되는 휴대전화는 공부 시간에는 꺼두고, 공부를 마친 후에 메시지를 확인하는 방법을 권장한다. 절친한 친구와도 공부 시간에는 되도록 말을 섞지 않고 쉬는 시간에 이야기를 나누도록 하자.

공부는 머리로 하기 때문에 공부 시간에 떠오르는 생각과 감정도 통제되어야 한다. 마음은 신기하게도 긍정적인 생각은 긍정적인 결과를 끌어당기고, 부정적인 생각은 부정적인 결과를 끌어당긴다. 매일 연속되는 공부 속에서 쉽진 않겠지만, 최대한 '기분 좋음'을 유지해야 한다. 기분 좋은 마음 상태로 '수학 만점'을 받은 긍정적인 결말을 상상해보자. 매일매일 빠짐없이 만점을 받은 기분을 최대한 마음속에서 느껴보자. 마음가짐이 달라지면 자세부터 달라지고 없던 의욕도 샘솟게 된다.

수면 습관은 무조건 적게 자는 것이 옳은 것은 아니다. 사람마다 꼭 자야 하는 시간은 각기 다르다. 자신만의 최소 수면 시간을 찾아서 그 시간을 최대한 유지하는 것이 바람직하다. 나 같은 경우에는 하루에 최소 6시간은 자야 정상적으로 생활할 수가 있다. 수업을 들을 때 졸지 않고 공부를 하는 데 크게 지장이 없는 시간은 꼭 자야 한다. 자신만의 최소 수면 시간을 찾았다면 그 수면 시간을 계속해서 유지해야 한다. 어떤 날은 5시간만 자고 어떤 날은 10시간을 자서는 안 된다. 취침과 기상 시간을 일정하게 유지하는 것이 공부 집중력을 최고로 유지하는 데 가장 좋은 습관이다.

지금의 공부는 결국 내 인생을 위한 투자다

공부를 잘하기 위한 절대적인 법칙은 분명히 있다. 올바른 공부법을 몸에 익혀서 이를 지속적인 노력으로 갈고닦는 것이다. 세계적인 피겨 스케이팅 선수 김연아를 만든 건 한 번의 훌륭한 점프가 아니라 수천 번의 엉덩방아다. 겉으로 보기에는 화려하고 실수가 전혀 없는 멋진 결과지만, 그 결과를 만들어내기 위해 수많은 시간을 땀과 노력으로 보냈을 것이다. 훌륭한 코치에게 올바른 운동 방법을 지도받으며 지속적인 노력으로 실력을 갈고닦았을 것이다.

성적 향상 = 올바른 공부법 + 지속적인 노력

'나는 지금 열심히 노력하고 있는데, 이 방법이 맞는 건가?', '공부 시간을 두 배로 늘렸는데 왜 성적이 제자리지?'라고 생각하며 자신의 공부 방법이 제대로 된 방법인지 확신이 없는 학생들이 의외로 많다. 학생들은 노력의 중요성을 모르지 않는다. 하지만 확신이 없는 상태에서는 노력 의지가 저절로 생겨날 수 없다. 그래서 올바른 공부법이 무엇보다 중요하다. 자신의 공부법이 올바른 방법이라 확신하고, 거기에 약간의 성적 향상이 한 번이라도 뒷받침되면 노력 의지는 계속해서 활활 타오를 것이다.

'진정한 노력'이란, 한두 번의 이벤트성 노력이 아니라 꾸준하게 지속하는 노력을 말한다. '노력'이 아니라 '노오오력'을 하라고 다그치는 꼰대같이 말하고 싶진 않다. 하지만 우리에겐 하루, 이틀, 1주, 2주의 노력이 아닌 3년의 지속적인 노력이 필요한 것이 사실이다.

'하루에 7시간씩 자면서 공부하기'라고 하면 얼핏 봐서는 쉬워 보인다. 하지만 3년간 하루도 빠짐없이 하루에 7시간만 자면서 매일 공부하기는 절대로 쉽지 않다. 단기간 반짝하는 노력은 끝이 보이기 때문에 수월하다. 반대로 3년이라는 장기 노력은 끝이 잘 보이지 않기 때문에 공부 의지와 노력하는 상태를 유지하기가 쉽지 않다. 이 쉽지 않은 '지속적인 노력'은 여러분 한 사람에게만 해당하는 것이 아니다. 나에게 어려운 일이라면 다른 사람에게도 어려운 법이다. 그래서 '올바른 공부법'으로 '지속적인 노력'을 수행하면 '역전'을 꿈꿀 수 있다. 그래야만 상대평가라는 비정한 입시에서 역전할 수 있고 우위에 설 수 있다.

'꿈'은 인생에서 가장 중요한 것이다. 꿈을 찾은 사람에게도, 꿈을 찾고 싶은 사람에게도 지금의 처절한 노력은 꿈으로 가는 기회를 더 많이 부여받게 해줄 것이다. 한 번뿐인 인생에서 꿈을 위한 기회를 얻지 못하는 일은 없어야 할 것이다. 대학을 가든 회사를 가든 힘들고 어려운 일에 부딪혔을 때, 내가 고등학교 때 처절하게 공부했던 노력만큼만 기울이면 해내지 못할 일이 없다. 지금의 공부는 결국 내 인생을 위한 투자다. 공부할 수 있는 지금, 치열하게 공부하자.

5

누구도 자신의 어제를 바꿀 수 없다

공교육 3년, 사교육 1년

나는 3년의 고등 공교육 과정과 1년의 노량진 사교육 과정을 거쳐 대학에 들어갔다. 재수생 시절에는 인천에서 노량진까지 이동하는 시간을 줄여 좀 더 공부에 매진하고자 재수학원 앞 고시원에 살았다. 생활비를 아끼기 위해 창문이 없는 방에서 살았다. 양팔을 벌리면 양 끝의 벽을 만질 수 있었다. 방의 절반은 내 몸 하나 겨우 누울 수 있는 침대가 차지했다. 나는 만세를 부르는 자세로 자는 걸 좋아하는데, 누워서는 손을 머리 위로 뻗을 수가 없어서 바른 자세로만 잠을 자야 했다. 방 안에는 작은 책상도 있었다. 침대에 누워 발을 위로 올리면 책상 상판이 발에 닿았다. 대부분의 공부는 학원에서 했기 때문에 책상의 크기는 중요하지 않았다.

재수 생활의 결말인 수능 시험에서 수학과 과학(이때는 과학 선택과목이 네 과목이었다)은 만점 또는 한 개 틀리는 성적을 받았다. 영어는 그럭저럭 성적이 나왔지만, 국어는 보이지 않는 벽과 싸우는 느낌이었다. 내 성적을 가지고 갈 수 있는 학교들을 나열해봤다. 당시에 나는 되고 싶은 꿈이 없었다. 그저 서울의 이름난 대학을 졸업해서 연봉을 많이 주는 대기업에 입사하고 싶은 생각 정도만 있었다.

나는 이과였다. 전공은 취업이 잘된다는 '공대'를 선택하기로 마음먹었다. 기계공학, 화학공학, 재료공학, 신소재공학, 컴퓨터공학, 전기·전자공학, 건축공학…. 어떤 전공이 좋을지 판단하기 어려웠다. 과학 선택과목으로 '화학Ⅰ,Ⅱ'를 선택할 만큼 당시 나는 화학을 좋아했다. 그래서 화학공학을 선택하는 것도 나쁘지 않아 보였다.

전공 선택은 그야말로 즉흥적이었다. 노량진 고시원의 컴퓨터실에서 원서 제출 마지막 날까지 고민했다. '화학 과목을 좋아하니까 화학공학과를 갈까?' 했다가도 얼마 전 TV에서 본 〈러브하우스〉의 건축가가 너무 멋져 보였던 게 생각났다.

MBC에서 인기리에 방영된 〈러브하우스〉라는 프로그램이 있었다. 이 프로그램에서는 형편이 어려운 가정에 헌 집을 거의 새집으로 만들어주었다. 주로 등장하는 스토리는 엄마, 아빠, 할머니, 할아버지에 자녀까지 네다섯 명인 가족이 작은 집에서 살고 있다. 가족들은 작은 공간 때문에 이런저런 어려움을 겪고 있다. 그런 와중에 이 프로그램을 통해 집을 리모델링한다. 그래서 '이렇게 작았던 공간'이 '이렇게 바뀌었습니다!' 하며 집을 대대적으로 손봐준다. 이를 경험하는 가족들의 눈망울이 붉게 적셔진다. 그리고 건축가와 방송국에 연신 감사의 표현을 한다.

이 프로그램을 즐겨 봤던 나는 '건축공학'이라는 학문에 막연한 동경을 가지고 있었다. 다시 노량진 고시원으로 돌아가 보자. 1분 전까지만 해도 '화학공학과를 갈까?' 했던 나는 지금 건축공학과를 주시하고 있다. 경쟁률이 50 대 1이 넘어갔다. 웬만하면 소신 지원하겠는데 이건 높아도 너무 높다. 그런데 그 옆에 '건설환경공학과'라는 건축 비슷한 학과가 있다. 학과 소개를 보니 교량, 댐, 터널 등을 건설한다고 한다. 남자다워 보이고 멋지다. 경쟁률은 20 대 1이 조금 넘었다.

마감 10분 전. '그래, 여기로 결정하자' 하고 원서를 제출했다. 그렇게 내 미래를 결정하는 중요한 순간을 객관식 문제 찍듯 찍어버렸다. 나는 그렇게 예전에는 토목공학이라 불렸지만, 현재는 '건설환경공학'이라고 부르는 학과에 입학하게 되었다.

인천의 어느 가난한 집에서 태어나 제대로 된 사교육은 받아보지 못했다. 그래도 공부를 곧잘 했던 나에게는 '꿈'이 없었다. 생각만 해도 가슴이 뛰고, 미친 듯이 열정을 쏟고 싶은 분야도 없었다. 그저 좋은 대학에 가면 비교적 높은 연봉의 직장을 구할 수 있어서 지금보다는 나은 삶을 살 것이라는 막연한 생각만 있었다.

내 꿈을 위한 소중한 재료

대학에 입학하면서 자연스럽게 독립을 했다. 서울의 물가는 인천보다 훨씬 높았다. 수중에 돈은 하나도 없었고, 보증금이 필요한 전세나 월세는 꿈도 꿀 수 없었다. 그래서 처음엔 고시원에 들어갔다. 재수할 때도 창문 없는 고시원에 살았었는데 뭐. 그런데 재수할 때의 고시원은 분명 아늑했었는데, 대학에 입학한 후에 고시원 생활은 죽을 맛이었다. 좁고, 방음도 안 되고, 공용 샤워시설은 불편하고, 창문도 없어서 답답했다.

그렇게 지내다가 같은 과 친구인 재훈이가 보증금은 자기가 낼 테니 월세만 절반을 내고 같이 살자고 해줬다. 친형과 같이 살았는데 형이 고향인 강원도 춘천에 내려가게 되면서 큰 집이 비게 되었다고 했다. 대충 내 사정을 아는 이 친구가 정말 고마웠다. 그렇게 재훈이와 1년, 재훈이의 형인 상훈이 형이 서울로 다시 오면서 셋이 1년, 재훈이가 아파서 강원도 본가로 요양을 간 사이 상훈이 형과 1년까지 총 3년 정도를 큰돈 들이지 않고 학교 앞에서 자취할 수 있었다.

마음씨 좋은 친구와 그의 형 덕분에 1,000만 원이 넘는 보증금 걱정은 덜게 되었다. 하지만 나는 절반의 월세와 내 생활비는 직접 벌어야 했다. 이것저것 닥치는 대로 아르바이트를 했다. 텔레마케팅, 피자헛 홀 서빙, 막노동, 백화점 의류 판매, 골프장 캐디, 수학 과외 등을 했다. 이 중에서 시간당 수입이 가장 좋은 것은 단연 수학 과외였다.

대학교 2학년 때 처음 시작한 수학 과외는 최고의 아르바이트였다. 과외가 있는 날이면 끼니는 가는 길에 김밥으로 때웠다. 배부르면 강의가 잘 안 되기도 하고, 시간 여유도 많지 않았다. 당시에는 과외 준비를 하는 시간이 그렇게 아까웠다. 대학 생활에서 나의 주된 임무는 과외가 아니라 대학 성적(학점)이었기 때문이다. 과외 준비를 하는 만큼 내 공부 시간을 뺏기는 셈이었다. 반면 수학 개념 설명은 눈감고도 할 만큼 충분히 자신이 있었다. 그래서 나는 과외 수업을 가는 지하철 안에서 그날 수업할 내용과 문제들을 훑어봤다. 20분도 채 안 되는 시간이지만, 그때의 집중력은 정말 최고 수준이었다. 그렇게 10년 가까이 수학 과외로 아르바이트를 하니 정말 어려운 킬러 문제들도 훤히 꿰뚫어 볼 수 있는 실력을 갖추게 되었다.

나는 대학원에 석·박통합 과정으로 진학했다. 이 과정은 석사 2년, 박사 2년, 총 4년의 수업 과정을 통합해서 3년으로 마치는 과정이다. 3년간 수업을 다 수강하면 박사 수료가 되고, 이후 학위 논문을 청구해서 박사 학위를 취득(졸업)하는 과정이다. 이왕 시작한 공부를 더 많이, 더 깊게 하고 싶었다. 지식을 충분히 쌓은 후에 사회에 나가 배운 것을 제대로 활용하고 싶은 마음에 대학원에 진학했다. 박사 학위를 받고 연구소에 취업하면 과장급으로 시작할 수 있다는 연구실 선배님의 설명도 나를 솔깃하게 만들었다.

본격적인 대학원 연구실 생활이 시작되자 개인 여유 시간이 대부분 사라졌다. 공대 연구실 생활은 회사생활과 흡사하다. 출근 시간이 정해져 있고(내가 다닌 연구실은 오전 9시였다), 퇴근은 윗사람(지도 교수님이나 나보다 먼저 들어온 박사 과정 선배)의 눈치를 봐야 했다. 논문도 써야 했고, 실험도 해야 했다. 학술발표대회 준비도 하고, 교수님을 돕는 이런저런 일도 해야 했다. 그래서 수강생이 많이 늘어나 있던 수학 과외를 한 개만 유지하고 나머지는 전부 접어야만 했다. 수년간 해온 수학 과외는 단지 아르바이트라고 생각했기 때문이다. 그때만 해도 나는 토목 건설현장에서 필요로 하는 엔지니어가 되겠다고 생각했었다.

전문적인 수학 강사 일을 시작하겠다고 굳건하게 마음먹었을 때도 속으로는 이런 생각을 한 적이 있다.

'내가 만약 대학원을 안 가고 학부만 졸업한 후에 수학 강사로 시작했다면 어땠을까?'

시작은 지금보다 몇 년 빨랐을 수 있다. 하지만 지금처럼 온 힘을 다해 수업하고, 확신에 가득 찬 마음으로 아이들을 가르치진 못했을 것 같다. 내가 살아온 날들의 경험이 오직 수학 강사를 위한 길을 아니었지만, 대단히 많은 부분에서 도움이 되고 있다.

생계를 위해 아르바이트로 수학 과외를 했던 일은 수학에 눈을 뜨게 만들어주었고, 내가 진정으로 하고 싶은 일이 되었다. 대학원 때 논문을 썼던 경험은 수학 교재를 만들고, 지금처럼 공부법

책을 쓰는 데 큰 도움이 되고 있다. 중소기업 기술연구소에서 일했던 경험은 아이들에게 수학과 연관된 예시(각종 센서, 실험, 지진, 빅데이터 등)를 드는 데 풍부하게 활용하고 있다.

사업비를 주는 발주처나 사업주를 상대한 경험은 학부모님들과 상담할 때 큰 힘을 발휘했다. 상대방의 이야기를 경청하고, 때로는 내 생각을 잘 전달했다. 그 과정에서 서로의 의견은 일치하게 되고, 옳은 방향으로 일이 진행될 수 있었다.

대기업에서 근무한 경험은 자기 마음이 시키는 일을 찾도록 해주었다. 또한, 스스로 열정을 쏟을 수 있는 일을 찾으라고 조언하는 밑바탕이 되고 있다. 이런 나의 과거 경험들은 아이들에게 학습 동기를 유발하는 데 상당히 효과적이다.

누구도 자신의 어제를 바꿀 수 없다. 하지만 하루하루 충실했던 자신의 어제들은 미래엔 분명 유용한 자산이 될 것이다. 그리고 내 꿈을 실현하는 데 쓰일 소중한 재료가 될 것이다.

6

그럼에도 불구하고 나는 수학을 공부한다

사회가 규정한 A급 코스

대학원에서 박사 수료를 한 후, 분당에 있는 중소기업 기술연구소에서 연구원으로 일했다. 정확하게 말하자면 병역특례로 군복무를 했다. 참고로 병역특례란, 병역의무를 가진 사람 중 국가 경쟁력 제고를 위해 병역 대신 연구기관에서 전문연구요원으로 3년간 대체 복무할 경우, 병역의무를 다한 것으로 인정하는 제도다. 쉽게 말하면 현역 입대 대신 연구소에서 일하면 군대를 다녀온 것으로 인정해준다는 거다. 이때 처음으로 '저축'이라는 것을 하게 되었는데, 월급만 가지고는 저축하기에 매우 빠듯했다. 월급은 사원에서 대리까지 150~170만 원 정도 되었다. 월세, 휴대전화 요금, 식비, 교통비와 학자금 대출 상환금까지 다 내고 나면 남는 돈은 별로 없었다. 이 월급 가지고는 뾰족한 수가 안 보였다.

언제 돈 모아서 언제 결혼할 수 있을지 앞이 캄캄했다.

어머니는 이런저런 아르바이트로 생계를 유지하셨는데, 아르바이트 자리가 중간에 중단되기라도 하면 어쩔 수 없이 아들에게 연락했다. 아들에게 손을 벌려야 하는 어머니의 마음은 얼마나 아팠을까. 어머니의 연락을 받은 나도 가슴이 미어지기는 마찬가지였다. 월급이라도 넉넉하면 좋을 텐데 그렇지 못한 현실이 너무 힘들었다.

회사에서 월급을 받았지만, 나는 수학 과외를 놓을 수가 없었다. 수학 과외를 하면 가끔이라도 어머니께 용돈을 드릴 수도 있고, 저축을 할 수도 있었다. 야근을 밥 먹듯이 했고, 지방 현장에 출장 가는 일도 잦았다. 같이 일하는 분들이 잘해주고, 내가 모시던 상무님이 나를 예뻐했기에 겨우 버틸 수 있었다.

병역특례 기간, 기술연구소에서 일하며 많은 연구 실적을 쌓을 수 있었다. 이때는 회사 토목구조 부서의 장이자 연구소장을 겸직하는 상무님과 나, 단둘이 연구소를 이끌어나갔다. 논문이 필요하면 논문을 썼고, 국가 연구과제 발표가 있는 날은 어김없이 밤을 새웠다. 100장이 넘는 연구 보고서를 쓰고, 필요한 실험 데이터를 분석했다. 특허 출원을 위해 아이디어를 짜냈고, 프로그램 개발자를 불러 교량 모니터링 프로그램을 만들게 시켰다.

내가 스스로 하지 않으면 연구소의 일이 완벽하게 구멍이 나는 시스템이라 요령을 피울 수가 없었다. 정말 매일같이 야근했다.

밤 10시 넘어서까지 일을 하면 야근 수당으로 6,000원을 줬다. 가끔 사람들이 잘못 알아듣고는 하는데, 시간당 6,000원이 아니라 하루에 6,000원이다. 이마저도 밤 9시 30분까지 일하다 퇴근하면 지급되지 않았다. 야박한 야근수당이 내심 서러웠지만, 그 돈이라도 아쉬웠다. 나는 자주 야근을 하며 수당을 청구했다. 그렇게 뼈를 갈아 넣어 일한 결과로 국책 연구과제 여덟 건 수행, 국내 논문게재 두 편, 해외 학술발표 일곱 건, 국내 학술발표 두 건, 특허 등록 다섯 건, 특허 출원 세 건, 프로그램 등록 일곱 건의 실적을 쌓았다.

이런 연구 실적들은 직접적인 급여와 연결되지 않았다. 중소기업에서 월급 받는 사람의 한계였다. 내가 사장이 되지 않는 한, 바꿀 수 없는 구조였다. 내가 다녔던 중소기업은 국가 기관이나 대기업의 하청을 받아서 수익을 냈다. 주로 건설업이나 조선업과 같이 아주 큰 규모의 프로젝트를 '수주'하는 사업은 대기업에서 수주한 뒤 하청업체로 일감을 나눠주는 방식으로 일을(공사를) 수행했다. 그 때문에 돈을 주는 기관에서 사업비를 후려치면 그대로 받아들일 수밖에 없었다.

비슷한 업종의 회사는 날이 갈수록 많아져서 경쟁은 심화되고, 건설 경기가 좋지 않아 수익성이 낮다 싶으면 대기업에선 하청업체 용역비부터 깎았다. 그러면 수익성이 낮은 용역을 물어온 중소기업은 자체적으로 비용을 절감해야만 회사를 운영할 수 있었다. 가장 쉬운 비용 절감은 인건비를 줄이는 일이었다. 그래서 결국 내 월급은 적을 수밖에 없었다.

생각이 여기까지 미치자 나는 병역특례가 끝나면 높은 연봉을 주는 대기업에 들어가기로 마음먹었다. 그래서 스펙이라 불리는 것들을 하나씩 완비하기 시작했다. 토목기사, 건설안전기사, 정보처리기사를 취득했고, 토익과 토익 스피킹 점수를 높이기 위해 매진했다. 그리고 한국사 능력검정시험, KBS 한국어 능력시험과 같은 대기업에 입사하기 위한 기본 소양(?)을 쌓았다.

이러한 자격증과 어학 점수는 한국전력, 한국마사회, 한국수자원공사와 같은 우리나라 공기업에서 서류전형 가점으로 인정하는 것들이다. 사기업의 서류전형 점수 산정 기준은 별도로 알려주지 않지만, 공기업과 비슷하다고 보고 준비했다.

3년이라는 병역특례 기간은 쏜살같이 지나갔다. 병역특례를 마칠 즈음에 지긋지긋한 수학 과외를 접었다. 대기업 취업을 위해 스펙을 쌓는 데 집중하기로 마음먹었다. 당장 벌이는 없지만, 퇴직금이라는 동아줄이 있었다. 좋은 회사에 취업해서 이제는 수학 과외라는 아르바이트를 그만하고 싶었다. 남들처럼 퇴근하면 여가생활을 즐기고, 주말에는 놀러 가기도 하고 쉬고도 싶었다.

건설 경기의 침체와 심각한 취업난에도 각고의 노력 끝에 대기업 건설회사에 공채 신입사원으로 입사할 수 있었다. 최종 면접에서는 잔인하게도 토목 분야로 단 한 명을 뽑았다. 아주 절실한 마음으로 준비한 끝에 최후의 1인이 될 수 있었다. 난 그렇게 대학교 입학, 졸업, 석사, 박사 수료, 대기업 입사에 이르렀다. 내 마음이 시켜서 한 일은 아니었지만, 열심히 공부해서 안정적인 직장을 잡으라는 사회가 규정한 A급 코스를 밟아나갔다.

원하던 대기업에 입성하자 월급은 병역특례 시절과 비교하면 거의 세 배가 되었고, 회사에서 제공하는 각종 복지는 너무나 흡족했다. 결혼, 생일, 부모님과 장인·장모님의 회갑에는 예쁜 화환과 함께 현금이 지급됐고, 아이를 낳으면 지급되는 출산 장려금도 있었다. 아이를 낳으면 남자도 1개월 이상의 육아휴직이 의무화되었다. 현장에서 근무하면 별도의 수당을 더 챙겨줬으며, 차량으로 출퇴근하면 기름 100*l*를 무상으로 제공해줬다. 연차를 사용하지 않으면 수당으로 지급됐고, 실비보험도 들어줬다. 매달 무료로 책을 지원해주고, 각종 자격증 동영상 강의도 지원해줬다. 1년 중 창립기념일과 근로자의 날에는 인터넷 최저가보다 저렴한 가격으로 총 30만 원 상당의 물품을 무료로 구매할 수 있었다. 또한, 어디서든 사용할 수 있는 연간 100만 원 상당의 법인카드를 제공했다.

내 마음이 시키는 일

입사 후 얼마 동안은 비교적 높은 급여와 각종 혜택을 누리며 즐겁게 지냈다. 하지만 거기까지였다. 금전적 결핍을 채우는 일차적인 목표를 이루고 나니, 그제야 나 자신을 돌아보게 되었다. 내 마음속에서 말하는 소리에 처음으로 귀를 기울이게 된 것이다.

가슴이 시키는 일을 하지 않으니 일에 대한 의욕은 점차 사그라졌다. 그토록 갈망하던 대기업에 입성했는데 행복하지 않았다. 아침엔 출근하기 싫었고, 오후엔 퇴근 시간만 기다려졌다. 평일은 길었고, 주말은 짧았다. 그래서 내가 진정으로 원하는 일이 무엇인지 묻고 또 물었다.

내가 여러 사람 앞에서 발표하고 주목받는 일을 좋아한다는 사실을 우연한 기회로 알게 되었다. 대학교 4학년 때 해외 탐방 공모전에 입상한 계기로 100여 명 앞에서 탐방 결과를 발표한 적이 있었다. 그렇게 많은 사람 앞에서 단상에 올라 마이크를 잡고 발표하는 일은 상상만큼이나 두려웠다. 그래서 대본을 만들고 외우기 시작했다. 토씨 하나 틀리면 다시 처음부터 외운 대로 말하는 연습을 했다. 발표 당일, 단상에 오르자 역시나 머릿속이 하얘졌다. 아무 말도 안 할 수는 없었다. 그래서 준비한 발표자료 순서만 지키고 말하는 내용은 생각나는 대로 설명했다. 외운 대로 읊어야 한다는 강박을 없애니 말이 술술 풀렸다. 관객들의 몰입도는 다른 발표 때보다 높았다. 내가 애드리브를 치면 관객들은 웃음으로 화답했다. 심장이 마구 뛰었다. 그 느낌이 너무나도 좋았다.

그날의 경험 이후로 학과 내에서도 발표 잘한다고 입소문이 나기 시작했다. 그래서 조별 과제에서 발표를 도맡아 하게 되었다. 자신감을 양껏 충전한 상태로 발표를 하니, 평가는 항상 좋았다.

결혼할 나이가 되자 친구나 학교 선배의 결혼식 사회 제의가 들어오기 시작했다. 나는 항상 흔쾌히 사회를 봐줬고, 반응도 좋아서 꼬리에 꼬리를 물고 사회를 보게 되었다. 발표와 비슷하게 많은 사람 앞에 서는 일은 긴장되는 일이지만, 나는 그때의 두근거림이 너무 좋았다. 살아 있음을 느꼈다.

몇 년에 걸쳐 점차 '나'라는 사람에 대해서 알기 위해 노력했다. 내가 진짜 하고 싶은 일이 무엇인지, 되고 싶은 모습은 어떤 모습인지 생각에 생각을 거듭했다. 마음이 시키는 일을 해야 지치지 않고 온 힘을 쏟을 수 있다고 믿었다. 그런 일을 찾으려고 부단히 애를 썼다.

사람들에게 주목받기를 좋아하고, 많은 사람 앞에서 말하는 일을 즐기는 성향. 목표로 삼은 일은 밤낮없이 매진해서 반드시 이루어내는 성격. 생계를 위해 10년가량 가르치며 완벽하게 정복한 수학! 수학은 어렵다고만 생각했던 아이들에게 수학에 흥미를 붙여주고, 성적을 끌어올렸을 때의 성취감과 뿌듯함. 내 꿈의 재료는 이미 충분히 갖춰져 있었다.

5년 후,
나는 어떤 모습일까?

자신의 과제와 타인의 과제를 구분하라

몇 년 전 큰 인기를 끌었던 《미움받을 용기》라는 책으로 대중들에게 잘 알려진 심리학자 아들러가 있다. 그는 인간의 사회적 특성을 중요시한 '개인 심리학'을 주장한 학자다. 인간의 삶은 무의식의 지배를 받는다고 보았던 프로이트와는 반대로, 인간은 자신의 용기와 의식을 통해 자신의 삶을 바꿔나갈 수 있다고 했다.

아들러는 인간의 행동은 의도적이고 목표 지향적이며, 무의식이 아닌 의식이 성격의 중심이라고 강조했다. 그의 말에 따르면, 인간은 자신의 의지에 따라 삶을 선택하고 책임을 지며 삶을 구성한다. 또한, 인간은 정체되어 있는 것이 아닌 끊임없이 변화와 발전을 도모하는 존재로 생각했다. 즉, 인간은 열등감을 갖고 있으면서 극복하는 과정을 통해 성장하는 존재로 동기화되어간다는 것이다.

아들러는 인간이 자기 자신답게 살지 못하는 근본적인 원인으로 '인정 욕구'를 들었다. 타인에게 인정받고 좋은 평가를 받고 싶은 마음 때문에 많은 이들이 자신의 삶을 주체적으로 살지 못하고 타인의 평가에 휘둘려 살게 된다는 것이다.

이런 인정 욕구에서 벗어나는 방법으로 아들러가 제시한 것이 바로 '과제 분리'다. 과제 분리란, 자신의 과제와 타인의 과제를 구분해서 자신이 해야 할 일에는 책임을 지지만, 타인이 하는 일에 대해서는 신경 쓰지 않는 태도를 말한다. 아들러는 이를 통해 인정 욕구에 매몰되지 않을 수 있으며, 주체적인 삶을 살아갈 수 있다고 했다.

쉽게 말하면, 내가 제어할 수 있는 '자신의 과제'에만 초점을 맞추라는 것이다. 우리 집의 재정 상태, 엄마와 아빠의 성향과 같은 것은 내가 제어할 수 없는 영역의 것들이다. 즉, 타인의 과제다. 이런 것에 집중하게 되면 불행해진다.

누가 나를 좋아하고 싫어하는 것은 '타인의 과제'이지만, 내가 나를 좋아하는 것은 '자신의 과제' 영역이다. 어떤 고등학교에 들어갈지, 어떤 반에 배정될지, 어떤 담임 선생님을 만나고 어떤 친구를 만나게 될지는 '타인의 과제'다. 하지만 몇 시에 일어나서 몇 시에 자고, 몇 시간을 공부하고, 카톡이나 인스타와 같은 SNS를 자제하고, 언제까지 이 문제집을 다 풀 수 있을지는 '자신의 과제' 영역이다. 내가 컨트롤할 수 있는 영역. 바로 이 영역에 내

관심과 능력을 집중시켜야 한다.

대학에 진학하기로 마음먹은 학생이 아니라면 굳이 공부를 열심히 안 해도 좋다. 연예인을 지망하거나 운동선수를 꿈꾼다면 학업 성적이 본인의 미래를 좌지우지하지는 않을 것이다. 수학을 잘하지 못해도 유명해지고 돈 잘 버는 사람은 꽤 많다. 하지만 당장 내가 하고 싶은 일이 불분명하고 막연하다면 공부를 (죽도록) 열심히 하는 것이 최고의 선택이다. 인생은 선택의 연속이고 선택은 확률 싸움이다. 공부는 마치 안전 그물망과 같다. 지금 마음속에 품고 있든, 앞으로 만들어나가든 간에 '꿈'을 이루기 위한 과정은 외줄 타기와 같다. 이 외줄 타기에서 줄이 혹시라도 끊어졌을 때, 공부로 성취한 대학은 제2, 제3의 기회를 받을 수 있게 해준다.

스스로의 독함을 인정할 수 있는 수험 생활

하나의 커리큘럼을 시작하는 첫 수업은 앞으로 함께할 수업의 긴장도와 몰입도를 높이는 데 상당히 중요한 역할을 한다. 내가 첫 수업에서 항상 해주는 말이 있다. 대학 입시를 준비하는 수험생들이 더 큰 동기부여를 받고, 공부 자극을 받으라는 의미에서 하는 말이다.

"지금부터 수능까지 남은 기간 여러분이 얼마나 노력하는가에 따라 인생의 성패가 좌우될 겁니다. 단지 대학의 레벨이 여러분의 인생을 좌우한다는 말이 아닙니다. 내가 정말 열심히 노력한 끝에 어떤 결과를 성취했느냐가 중요합니다. 수능까지 공부하는데 스스로 독함을 인정할 정도로 열심히 공부한 사람은 앞으로 삶을 살아가면서 자신감이 넘치고 자존감이 높을 것입니다. 반대로, 이런저런 핑계로 공부에 소홀하고 자기 합리화한 사람은 앞으로 무슨 일을 하더라도 자신감이 부족하고 '내가 과연 할 수 있을까?'와 같은 물음에 갇히게 될 것입니다."

여기에서 전달하고자 했던 메시지는 바로 이것이다. 스스로의 독함을 인정할 수 있는 수험 생활. 수능을 보고 대학교 합격이 결정된 후, 자신의 수험 생활을 돌아보며 '나 정말 독하게 공부했어. 고3은 두 번 다시 못 할 것 같아. 정말 독했거든'이라고 스스로 인정할 수 있는 정도의 수준 말이다. 스스로 인정할 정도로 노력을 쏟아냈다면 그 경험을 바탕으로 제2, 제3의 또 다른 성취를 얻기 위한 노력을 할 수 있다. '고등학교 때는 그렇게까지 했었는데, 이 정도는 껌이지'라고 생각하며 말이다. 실제로 대학에 진학한 후에 도전적인 일과 맞닥뜨렸을 때, 고등학교 때 공부했던 노력의 절반만 투자하면 해결되는 일들이 다반사다.

아이들이 가끔 나에게 물어본다. "어떻게 하면 독해질 수 있죠?", "저는 천성이 착해서 그런지 독한 면이 부족한 것 같아요",

"독해지고 싶은데 3일만 지나면 까먹게 돼요", "저는 체력이 약해서 금방 지치는 것 같아요."

사람은 언제 가장 독해질까? 주변 사람들이 '넌 할 수 없을 거야'라고 평가 절하하고, 내 꿈을 비웃을 때 사람은 마음속에 독기를 품게 된다. 왜냐면 사람은 누구나 타인에게 인정받고 싶고, 좋은 평가를 받고 싶어 한다. 그런데 나의 간절한 목표와 꿈을 무시하고, 할 수 없을 거라고 단정 짓게 되면 마음속에 잠재된 폭발적인 에너지가 밖으로 표출되는 계기가 되기도 한다.

스스로 독기가 없다고 생각하거나 의지가 약하다고 느껴진다면, 다음과 같은 방법을 추천한다. 이 방법으로 아주 많은 학생들이 목표를 달성했다. 바로 내 마음속의 소망을 밖으로 꺼내는 것이다. 꿈이 선명할수록 좋다. 당장 되고 싶고 이루고 싶은 꿈이 없어도 괜찮다. 꿈의 재료가 되어줄 목표가 선명하면 된다. 어떻게 밖으로 꺼낼까? 간단하다. 정말 이루고 싶은 꿈을 노트에 크게 적는 것이다. 문제집 표지나 옆면에 큰 글씨로 써보자. 자습실 책상에도 적고, 침대 머리맡에도 적어보자. 주변을 지나가는 사람은 다 볼 수 있을 정도로 큰 글씨로 써서 붙여보자.

'서울대학교 경제학과 22학번 ○○○!'

내가 정말 1년 동안 독하게 공부해서 ○○대학교 ○○학과에 간다면 정말 '심장이 터질 것 같다'라고 생각하는 꿈. 정말 간절하게 이루고 싶은 꿈을 주위에 큰 글씨로 붙여보자. '지금 내 성적은 이 정도니까', '최근 모의고사 성적이 어떠하니까' 적당히 타협해서 정하는 목표가 아니라 정말 성취하고 싶은 대학을 목표로 정해보자. 자기 마음속에서만 '되고 싶다'고 생각했던 것을 밖으로 꺼내고 나면 다음과 같은 현상이 벌어진다. 부모님은 이렇게 이야기하실지도 모른다.

"아들, 엄마는 거기까지 바라지는 않는다. 엄마는 그저 아들이 열심히만 하면 그걸로 충분하단다."

친구들은 여러분의 앞이나 뒤에서 수군거릴 수 있다.

"서울대? 너~~가?"

"야, 재 책에 써놓은 것 좀 봐봐. 완전 오버 아니냐?"

내 마음속의 꿈을 마음 밖으로 꺼내어 강력하게 선언하면 타인의 시선을 느끼면서 독기를 품을 수 있게 된다. 사람들이 내 꿈을 비웃고, 나는 할 수 없을 거라고 타인이 나를 단정 지을 때 내 마음속에서는 강력한 독기가 생기게 된다. 그리고 스스로 창피해지지 않기 위해 더 노력하고 더 집중할 수 있게 된다. 이런 내재적인 힘들이 차곡차곡 쌓여 공부를 지속하면, 그 결과는 폭발적인 성적 향상으로 나타나게 된다.

독해지는 법 : 꿈, 선언, 독기, 폭발적

5년 후, 나는 어떤 모습이면 좋을지를 머릿속으로 그려보자. 그리고 너무나도 성취하고 싶은 꿈을 입 밖으로 꺼내보자. 잘 보이는 곳에 큰 글씨로 써붙여 선언하자. 그러면 주위의 시선과 내 열망이 '독기'로 변신해서 폭발적인 힘을 가져다줄 것이다. 이렇게 해서 만들어진 독기를 긍정적인 방향으로 활용해보자.

내 마음속의 소망을 밖으로 꺼내는 것, 강력하게 선언하는 것에는 신비한 힘이 있다. 자기 확신에 찬 말이라는 뜻인 확언을 하면 그 말과 생각이 잠재의식에 깊이 새겨진다. 우리 내면의 힘이 말에 살을 붙여주고, 그 생각은 점차 현실이 되어갈 것이다. 이 책을 읽는 여러분은 꼭 생각을 현실로 만들어나가길 바란다.

본 책의 내용에 대해 의견이나 질문이 있으면
전화(02)333-3577, 이메일 dodreamedia@naver.com을 이용해주십시오.
의견을 적극 수렴하겠습니다.

스스로 답을 찾는 수학 공부법

제1판 1쇄 | 2020년 7월 9일
제1판 2쇄 | 2020년 9월 15일

지은이 | 정진우
펴낸이 | 손희식
펴낸곳 | 한국경제신문*i*
기획제작 | (주)두드림미디어
책임편집 | 최윤경

주소 | 서울특별시 중구 청파로 463
기획출판팀 | 02-333-3577
영업마케팅팀 | 02-3604-595, 583 FAX | 02-3604-599
E-mail | dodreamedia@naver.com
등록 | 제 2-315(1967. 5. 15)

ISBN 978-89-475-4590-7 (13370)

책값은 뒤표지에 있습니다.
잘못 만들어진 책은 구입처에서 바꿔드립니다.